以百年树人之计，植民族复兴之基

———于右任

第一任校长
于右任画传

成旦红　刘昌胜　主编

上海大学出版社
·上海·

本书编委会

主　　　任　　成旦红　刘昌胜
常务副主任　　段　勇
副　主　任　　欧阳华　吴明红　聂　清　王从春
　　　　　　　汪小帆　苟燕楠　罗宏杰　忻　平
委　　　员　　（按姓氏笔画为序）

王远弟　王国建　卢志国　朱明原　刘长林
刘文光　刘绍学　许华虎　许　瑞　孙伟平
李　坚　李明斌　吴仲钢　吴　铭　沈　艺
张元隆　张文宏　张勇安　张基涛　陆　瑾
陈志宏　竺　剑　金　波　孟祥栋　胡大伟
胡申生　秦凯丰　顾　莹　徐有威　徐国明
陶飞亚　曹为民　彭章友　傅玉芳　曾文彪
曾　军　褚贵忠　谢为群　潘守永　戴骏豪

主　　　　编　成旦红　刘昌胜
执 行 主 编　段　勇
执 行 副 主 编　曾文彪　耿　敬　胡申生　刘长林
执 行 编 辑　纪慧梅　洪佳惠　谢　瑾　林威杰

在台湾玉山山顶，一座半身铜像，透过茫茫海峡，望向祖国大陆……

他，赤诚爱国。早年追随孙中山，加入中国同盟会，投身辛亥革命和护法运动，拥护联俄、联共、扶助农工三大革命政策，支持国共合作，主张和平建国。晚年寄居台湾，时以诗文抒发思念桑梓、热爱祖国、渴望统一之情。殷殷之情俱系华夏，寸寸丹心皆为家国。

他，兴学育人。受到教育家毛班香、朱佛光、刘古愚、马相伯等的教育思想熏陶，立志"以百年树人之计，植民族复兴之基"，一生热心创办各类学校，力行新式教育实践，成为中国近现代高等教育重要奠基人之一，对近现代教育事业的发展产生深远影响。

他，创办上大。1922年10月23日，任上海大学校长。上海大学以"养成建国人才，促进文化事业"为办学宗旨，汇聚了一大批优秀的共产党人和名师贤达任职任教，为国家培养出众多革命与建设人才，成为大革命时期反帝反封建的重要力量，享有"文有上大、武有黄埔""北有五四时期的北大、南有五卅时期的上大"的美誉。

他，情系故土。晚年写下了感人至深的《望大陆》："葬我于高山之上兮，望我大陆，大陆不可见兮，只有痛哭！葬我于高山之上兮，望我故乡，故乡不可见兮，永不能忘！天苍苍，野茫茫，山之上，国有殇！"

他是辛亥革命的先驱，亦是热心的教育家，更是真诚的爱国者。

他就是上海大学的第一任校长——于右任。

目 录

一、辛亥元老 ·· 1
  1. 西北奇才 ······································· 3
  2. 反清护法 ······································· 5

二、上大校长 ·· 13
  1. 学校成立 ······································· 15
  2. 筹建校舍 ······································· 19
  3. 组织机构 ······································· 33
  4. 拟聘校董 ······································· 38
  5. 制定章程 ······································· 41
  6. 聘请教师 ······································· 42
  7. 特别讲座 ······································· 47
  8. 招收学生 ······································· 50
  9. 风云际会 ······································· 56

三、良师益友 ………………………………………… 71

四、力促复校 ………………………………………… 109

五、情系故土 ………………………………………… 123

六、百年传承 ………………………………………… 131

附录一　于右任简历 ………………………………… 138

附录二　于右任与上海大学大事记 ………………… 143

一

辛亥元老

　　于右任，1879年出生于陕西泾阳。原名伯循。晚清举人。1904年因讥议时政，得罪清廷，亡命上海。1905年拥戴马相伯创办复旦公学，又会同留日学生在上海创设中国公学。1906年赴日考察，得会孙中山，加入中国同盟会。1907年后，在上海先后创办《神州日报》《民呼日报》《民吁日报》《民立报》，积极宣传民主革命。中华民国成立后，任南京临时政府交通次长。1918年回陕西任陕西靖国军总司令。1922年离陕西到上海，协助孙中山改组国民党。1924年当选中国国民党中央执行委员会委员。1925年跟随孙中山到北京，任北京政治委员会委员。1926年任国民军联军驻陕总司令，随军进驻西安。1927年率部与北伐军在郑州会师。

一、辛亥元老

1. 西北奇才

"三间老屋一株槐"——于右任青年时期故居，位于陕西省三原县西关斗口巷5号，为其父1894年所置。1999年5月，被列为三原县重点文物保护单位并予以修葺。

第一任校长
于右任画传

青年时期的于校长

于右任在《我的青年时期》中记述：陕西提督学政叶尔恺入关督学，"观风全省，出了几十个试题，各门学问，无不具备，缴卷以一月为期。我勉强做成了十许篇，冬寒无火，夜间呵冻所书，忽浓忽淡，甚行潦草。但叶先生对我的文章特别激赏，评语有'西北奇才'之目，更加奖了许多话。……我经叶先生识拔，时誉渐起"。

2. 反清护法

1903年，于右任第一本诗集《半哭半笑楼诗草》在三原刊行，名号"半哭半笑楼主"，扉页印有他的披发短衣照片，旁题自撰"换太平以颈血，爱自由如发妻"

1910年，于右任在上海创办《民立报》，仍取"半哭半笑"为栏目刊头

于右任"半哭半笑楼主"印章

第 一 任 校 长
于 右 任 画 传

1904年，于右任化名刘学裕，经马相伯护持，入学震旦学院，并在此结识邵力子。图为于右任（站者）与马相伯合影

一、辛亥元老

1906年9月，为筹办《神州日报》，与邵力子共赴日本考察。在日期间，得会孙中山，加入中国同盟会。回国前，孙中山授予其"长江大都督"并嘱将《神州日报》办成"上海地区反清革命派的喉咙"。

第一任校长
于右任画传

　　1907年4月，于右任在上海创办《神州日报》。1909—1910年，在上海又先后创办《民呼日报》《民吁日报》《民立报》。1911年，《民立报》成为中国同盟会中部总会机关报。

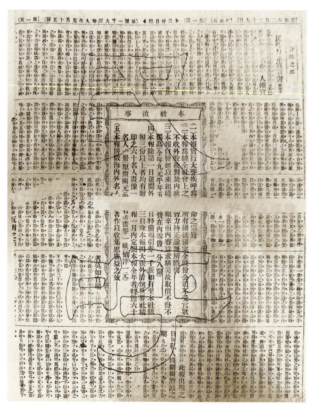

《民呼日报》创刊号（1909年5月15日）

《民呼日报》第五期报头

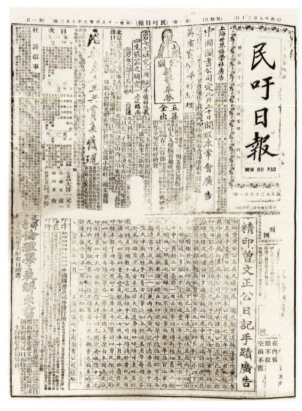

《民吁日报》创刊号（1909年10月3日）

一、辛亥元老

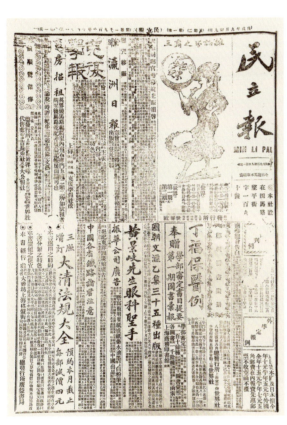

《民立报》创刊号（1910年10月11日）

◎ 1936年，毛泽东在延安与美国记者埃德加·斯诺谈话时说："在长沙，我第一次看到报纸——《民立报》，那是一份民族革命的报纸，刊载着一个名叫黄兴的湖南人领导的广州反清起义和七十二烈士殉难的消息。我深受这篇报道的感动，发现《民立报》充满了激动人心的材料。这份报纸是于右任主编的，他后来成为国民党的一个有名的领导人。"（《红星照耀中国》，新华出版社1984年版，第118页）

第一任校长
于右任画传

1912年1月,于右任被中华民国临时大总统孙中山任命为交通部次长,代理部务。图为中华民国临时政府部分内阁成员合影(左起:吕志伊、于右任、居正、王宠惠、孙中山、黄钟瑛、蔡元培、海军代表、马君武)

一、辛亥元老

1918年8月，为响应孙中山领导的护法斗争，于右任回陕西任陕西靖国军总司令。

1922年5月，陕西靖国军解散，于右任赴上海。

第一任校长
于右任画传

1922年10月10日，《民国日报》刊登于右任《教育改进的要义》一文。文章指出：教育的最大目的，"就是使人人得到教育后可以生存，可以滋荣"，在于教会"怎样做人"和"二十世纪的做人方法"。文章呼吁，当下首要问题是确立正确的教育方针并因此而改造教科书。

上大校长

  1922年10月23日，上海大学成立，公推于右任担任校长。甫任，赞同国共合作，锐意整顿校务，延聘一批共产党人和国民党左派人士任职任教，遂尔，上海大学由中国共产党实际领导。

  在大革命年代，上海大学堪称国民革命一支先锋队，时誉"文有上大，武有黄埔""北有五四时期的北大，南有五卅时期的上大"。1927年5月，上海大学被国民党当局武力封闭。

1. 学校成立

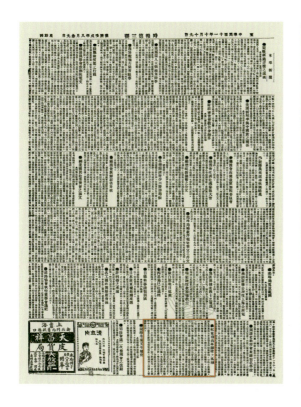

　　1922年10月19日,《时报》刊登《纪东南高专师校之风潮》的消息：东南高等专科师范学校因校长王理堂借学敛财、携款私逃而引发学潮，学生要求改组校务并邀请陈独秀或于右任担任校长。

第一任校长
于右任画传

　　陈独秀　　　　　　　　　章太炎　　　　　　　　　于右任

◎ 茅盾回忆:"学生团结起来,赶走了校长,收回已交的学费。这时学生中有与党有联系的,就来找党,要党来接办这学校。但中央考虑,还是请国民党出面办这学校于学校的发展有利,且筹款也方便些,就告诉原东南高等师范闹风潮的学生,应由他们派代表请于右任出来担任校长,改校名为上海大学。于是于右任就当了上海大学的校长,但只是挂名,实际办事全靠共产党员。"(茅盾:《文学与政治的交错——回忆录(六)》,《新文学史料》1980年第1期)

◎ 程永言回忆:学生"决定改组学校,拟推翻前校长,迎接一个有革命声望的人进来,办一所革命的大学,使外地青年来沪求学有所问津。十人团内推陈独秀、章太炎、于右任三先生,拟在其中延请一位"。最终在邵力子等人的帮助和促成下,于右任同意出任校长,并建议将校名改为"上海大学"。(程永言:《回忆上海大学》,《党史资料丛刊》1980年第2辑,上海人民出版社1980年版,第80—81页)

二、上大校长

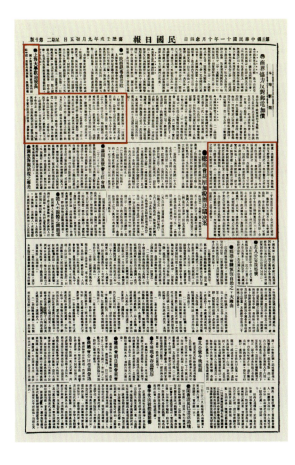

1922年10月24日,《民国日报》刊登《上海大学欢迎校长》的消息。于右任出席上海大学师生欢迎大会并致词:"予自陕西回沪,极欲投身教育界,但予乃愿为小学生以研究教育,非好为人师。因予自审学力不足,诸君改组大学,前途艰巨,尤非予所能任。""自当尽力之所能,辅助诸君,力谋学校发展。"

◎ 程永言回忆:欢迎大会上,"于氏特别指出:见在雨中的同学们精神奋发,很受感动。又谓他少年时代,曾做过小鞭炮竹,今后要制造炸弹、地雷,不仅在中国落地开花,还要炸得全世界开花结果等等"(程永言:《回忆上海大学》,《党史资料丛刊》1980年第2辑,上海人民出版社1980年版,第83页)。

第一任校长
于右任画传

于右任题写的校牌

1922年10月23日,《民国日报》刊登《上海大学启事》,报道上海大学成立并"公举于右任先生为本大学校长"的消息

二、上大校长

2. 筹建校舍

闸北青云路青云里校舍（1922年10月—1924年2月）

第一任校长
于右任画传

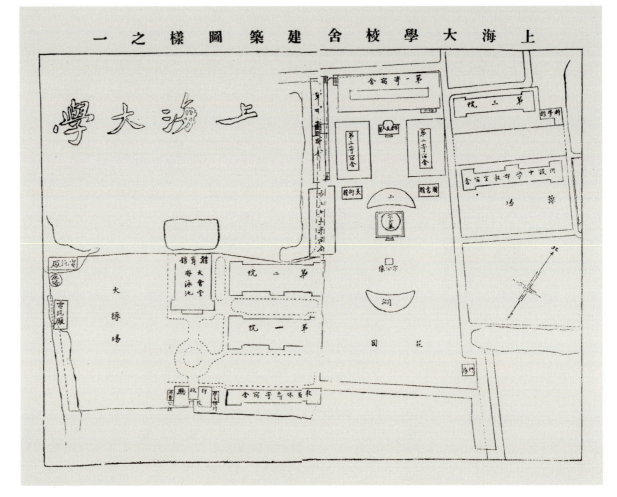

宋园校舍建筑图样（1924年）

1923年4月24日，《申报》刊登《上海大学筹建校舍于宋园》的消息。

于右任想把新校舍建在宋园，是为了缅怀共和先驱宋教仁。但该方案后来并未实现。

二、上大校长

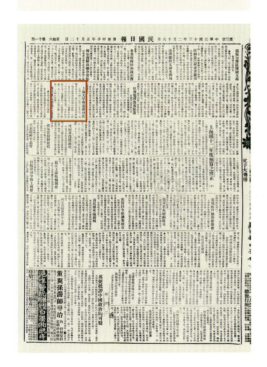

1924年2月16日,《民国日报》刊登《上海大学移迁新校舍》的消息:"上海大学自去年下半年后,成绩蒸蒸日上,兹因闸北原校址湫隘,租定西摩路南洋路口洋房一大所,五日内即行迁入。"

1924年2月17日、18日,《民国日报》刊登《上海大学迁移校舍通告》:"本校已租定西摩路(南洋路口)二十九号洋房一大宅为校舍,定五日内迁入。"

第一任校长

于右任画传

▲上海大学 现已迁至西摩路、并在附近租赁民房为宿舍、第一宿舍在时应里、第二宿舍在甄庆里、第三宿舍在敦裕里、一切设备、逐渐就绪、并闻该校新添教授甚多、中国文学系添聘刘大白教授文学史、胡朴安教授文字学、英国文学系添聘何世桢教散文、小说及论理学、薛承道教经济学、虞鸿勋教散文及文学史、社会学系添聘周建人教生物学、美术科添聘李骧教油画、陈晓江教塑造、其选修之现行政治、已预定者有胡汉民汪精卫马君武张溥泉四先生、至其校长闻仍为于右任、学务长仍为邓安石云、

1924年3月16日，《民国日报》刊登《学校消息·上海大学》："现已迁至西摩路，并在附近租赁民房为宿舍，第一宿舍在时应里，第二宿舍在甄庆里，第三宿舍在敦裕里。一切设备，逐渐就绪。"

二、上大校长

西摩路132号（又作西摩路29号，今陕西北路南阳路路口）校舍（1924年2月—1925年6月）

时应里师生宿舍（1924年2月—1925年6月）

第一任校长
于右任画传

   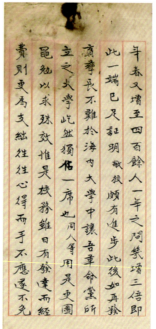 

于右任致国民党中央执行委员会《上海大学请求增加津贴理由书（附预算）》（部分）

于右任校长刚上任，就拿出自筹经费1万元用以办学。1923年2月，孙中山亲自批准广州国民政府每月拨款1000元补助学校。1924年7月，于右任致函中国国民党中央执行委员会，提请自8月起将补助款增至每月5000元。

该申请未获批准。

二、上大校长

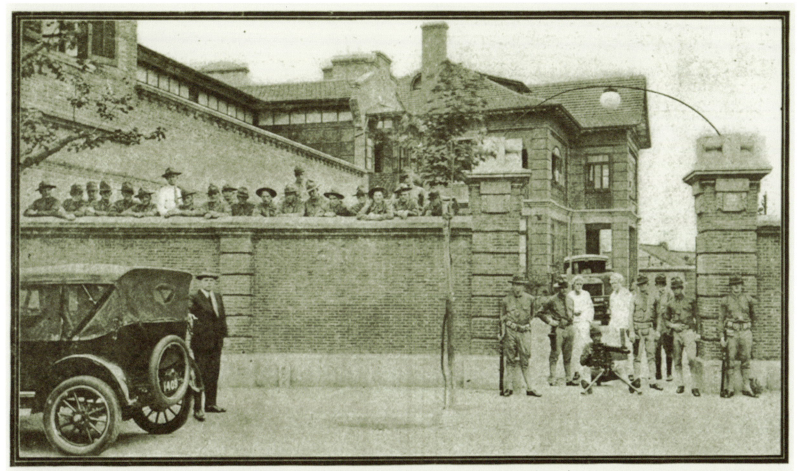

1925年5月，西摩路校舍被公共租界当局武装占领，上海大学师生被迫离校
（图片来源：The Shanghai Sunday Times 1925年8月9日第22版）

第一任校长
于右任画传

▲上海大學 上海大學被封後、一部分學生即遷住該校長于右任家中、席地而居、其形狼狽、于夫人黃紉艾女士籌洋二百元、維持該生等目前生計、並致電于氏、促其回滬、共商善後、

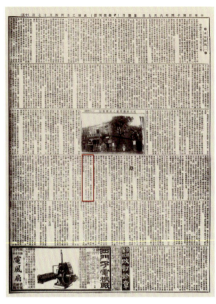

▲上海大學集議善後 上海大學被難學生、於昨日下午二時、假小西門少年宣講團開會、該校教職員亦參加、計到百六十餘人、由校長于右任主席、宣布開會詞、略謂本校此次雖遭解散、然並不以茲灰心、除討論善後事宜外、且將從事於進展計畫云云、追述事於進展計畫之情形、及前日開會之經過、由教職員韓覺民學生賀威聖相繼報告、被教職員方面推出四人為委員、計當選者有施存統、韓覺民侯紹裘秦治安、學生方面推出三八、學生即由學生自辦、至四時許散會、由學覺民侯紹裘秦治安韓覺先朱義權賀威聖等七八、並經議決住校學生、校代覓膳宿場所、通學生即由學生自辦、至四時許散會、

1925年6月7日，《申报》报道："上海大学被封后，一部分学生即迁住该校长于右任家中，席地而居，其形狼狈。于夫人黄纫艾女士筹洋二百元，维持该生等目前生计，并致电于氏，促其回沪，共商善后。"

1925年6月7日，《民国日报》刊登《上海大学集议善后》的消息："上海大学被难学生，于昨日下午二时，假小西门少年宣讲团开会，该校教职员亦参加，计到百六十余人。由校长于右任主席，宣布开会词。略谓本校此次虽遭解散，然并不以兹灰心。除讨论善后事宜外，且将从事于进展计划云云。"

二、上大校长

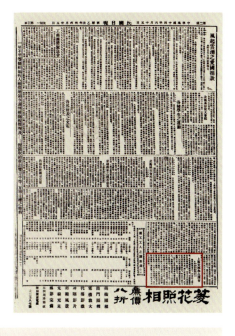

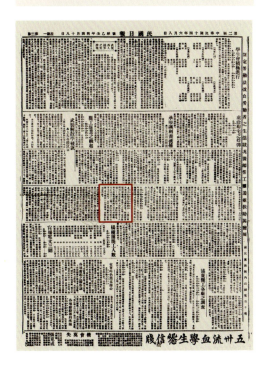

1925年6月8日,《民国日报》报道:"上海大学已租定西门方斜路东安里十八号、二十九号等房屋为临时校舍。"

1925年6月15日,《民国日报》刊登《上海大学学生开会·筹款建筑新校舍》的消息:五卅惨案发生后,"西摩路上海大学,首被万国商团解散,但该校学生、教员仍继续奋斗,并觅定宋园为该校最新校地基,刻已计划妥当,决于近募捐建筑新校舍。"

第一任校长
于右任画传

上海大学公函

逕啟者頃閱報章得悉中央軍完全勝利反革命餘孽盡數掃除實深欣慰滬上各校學生因參加追悼工人及演講喚醒民眾事為彼帝國主義者所嫉視英捕竟於五月卅日槍殺多人敝校學生何秉彝亦遭慘殺全市民眾憤激異常乃彼兇復以武力將敝校員生驅散霸佔校舍此蓋弱小民族擁此强權世界中應有之事實非遭際之偶然亦非傲倖之可以獲免竊念革命之有賴於教育而革命之教育尤非托足於强權者勢力範圍下可望其成功故決定在本園自建校舍以鞏固革命教育之根基而後徐圖發展但建築校舍需款甚鉅現據工程師計劃小規模之校舍約需十二萬元務懇

貴會竭力設法幫助俾校舍早觀厥成免使數千學子流離失所則不獨革命之教育得以維持即吾黨革命之前途亦當突不少之幫助矣

貴會究能籌措若干請即 示知以利進行是所至盼此上

中國國民黨中央執行委員會公鑒

上海大學校長于右任 謹啟

回信請寄上海大學建築校舍募捐委員會韓覺民收

1925年6月18日，于右任致函中国国民党中央执行委员会，请求筹措建筑校舍经费。

二、上大校长

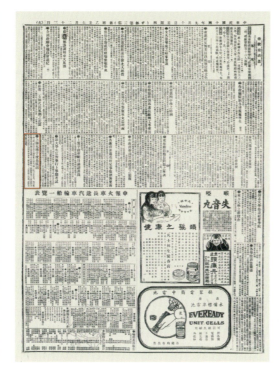

上海大學於校長抵滬

上海大學、原定在宋公園建築之校舍、因一時不克告成、現已租定臨時校舍於閘北青雲路、先行開學外、該校校長于右任氏原在北京、近以進行該校新校舍事、遂冒南下、已於前日抵滬、該校前途、顏可樂觀、

1925年9月10日,《申报》刊登《上海大学于校长抵沪》的消息："现已租定临时校舍于闸北青云路。"

青云路师寿坊（今上海市青云路167弄附近）临时校舍
（1925年9月—1927年3月）

第一任校长
于右任画传

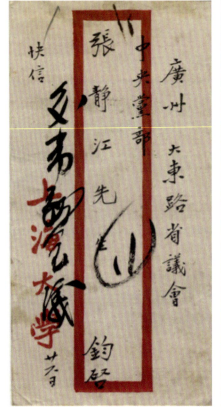
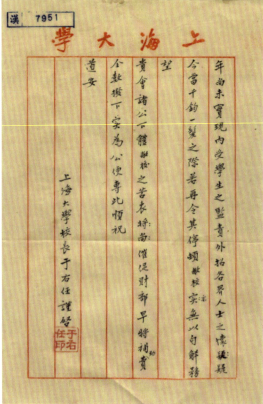
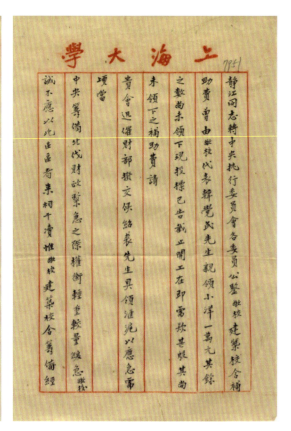

1926年6月26日，于右任致函张静江转国民党中央执行委员会各委员，催拨建筑上海大学江湾校舍补助费。

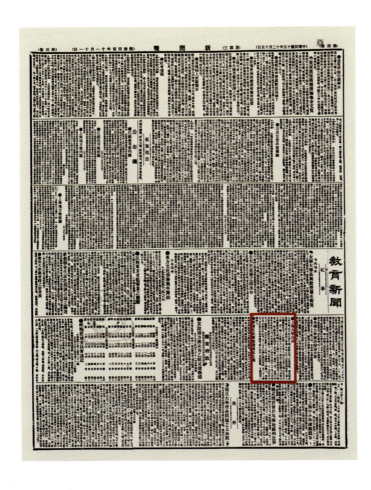

1926年12月15日,《新闻报》刊登《上海大学近讯》:"今年五月,由该校建筑委员会在江湾购得民地二十余亩,七月兴工,现已全部工竣。计共西式三层,房三幢,可容学生六七百人,准予下学期迁入。刻该校正筹备庆祝落成典礼,于元旦举行。"

第一任校长
于右任画传

江湾上士路校舍（1927年4—5月）。1927年5月，上海大学被国民党当局武力封闭并成为国立劳动大学农学院校舍

1932年一·二八事变后，江湾校舍毁于日军炮火

◎ 江湾校舍的建筑设计师是杨锡镠（费孝通的舅舅）。他在上海的主要建筑设计作品还有：鸿德堂、上海特区法院、南京饭店、百乐门舞厅、上海银行西区分行、上海商学院、大都会花园舞厅等。

3. 组织机构

李大钊

上海福州路（前四马路）旧景

李大钊，1924年8月被聘为上海大学经济学系主任，1925年8月被聘为上海大学教授及特别讲师。

◎ 程永言回忆：1923年4月，"于、邵两氏为商量'上大'的校务，在福州路（前四马路）同兴楼京津菜馆内邀约李大钊、张继两先生中午便餐……李先生即介绍邓中夏先生（安石）出任总务长，瞿秋白先生任社会学系主任"（程永言：《回忆上海大学》，《党史资料丛刊》1980年第2辑，上海人民出版社1980年版，第84页）。

第一任校长

于右任画传

校长于右任
（1922年10月23日—1927年5月）

代理校长邵力子
（1924年—1925年5月）

总务长（校务长）邓中夏
（1923年4月—1924年9月）

教务主任叶楚伧
（1922年10月23日—1923年7月）

教务长瞿秋白
（1923年7—12月）

二、上大校长

校务长刘含初
（1924年10月—1925年2月）

代理校务主任陈望道
（1925年5月—1927年5月）

总务主任（1925年2月，校务长改称总务主任）韩觉民
（1925年2月—1926年4月）

学务长何世桢
（1923年12月—1924年10月）

第一任校长
于右任画传

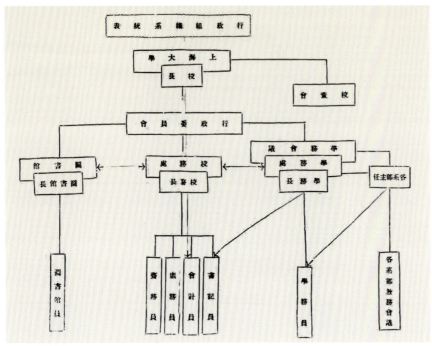

上海大学行政组织系统表（《上海大学一览》1924年4月）

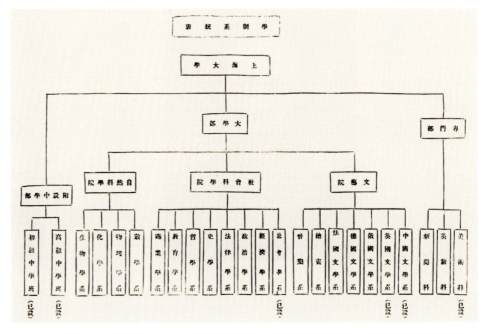

上海大学学制系统表（《上海大学一览》1924年4月）

二、上大校长

1923年4月24日,《民国日报》刊登《上海大学教职员会议》的消息:"本埠上海大学,昨假四马路同兴楼开教职员会议,由校长于右任先生主席。席间商议该校扩充及进行事宜,议决案甚多,最重要者如下:(一)决由张溥泉、于右任二先生筹办,于宋园建筑新校舍事宜。(二)决由邓安石、陈德徵、洪禹仇三先生,办理扩充后章程事宜。(三)自下学期起,大学部添设俄国文学系、社会科学系、史学系,以便分别造就国家应用人才。"

1923年8月13日,《民国日报》刊登《上海大学首次评议会》的消息:"闻前日全体新教职员在一江春开会,议决组织评议会,处理全校一切根本重大事务。当场推选叶楚伧、陈德徵、邓安石、瞿秋白、洪野、周颂西、冯子恭、陈望道、邵力子等九人为评议员。"

4. 拟聘校董

上海大学拟聘孙中山为名誉校董，蔡元培、汪精卫、李石曾、章太炎、张继、马玉山、张静江、马君武、王一亭等二十余人为校董。

名誉校董孙中山

◎ 孙中山曾两次作出批示，指示上海大学接受因参加反对军阀和贿选而遭到安徽当局通缉的学生进入上海大学学习；1924年3月3日，还应上海大学学生社团中国孤星社请求，为《孤星》旬刊题写刊名。

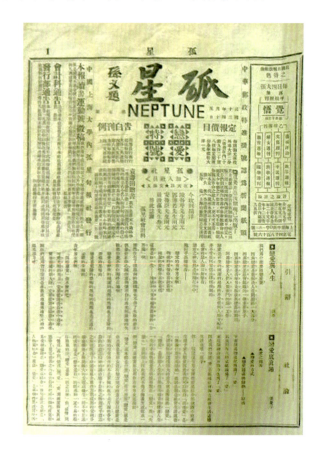

二、上大校长

皮言智等上书孙中山的信封

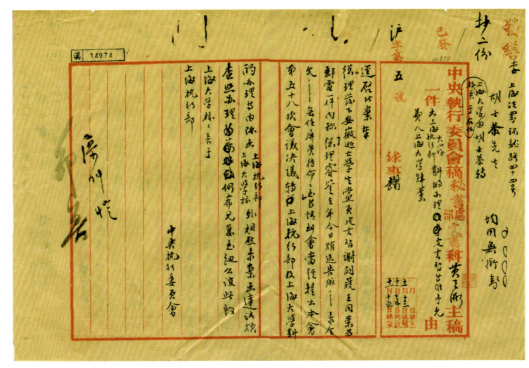

国民党中央执行委员会发上海执行部和于右任校长的批文，转达孙中山关于酌情办理皮言智等入上海大学的指示

1924年10月，皮言智、谢嗣镬、王同荣以"安徽逃亡学生"的名义上书孙中山，援引王步文、刘文友、濮德治免费入上海大学的先例，恳请准予免费以正式生插入上海大学社会学系。

第一任校长
于右任画传

校董张继（张溥泉）

校董蔡元培（蔡子民）

校董李石曾

校董马君武

校董张静江

校董王一亭

5. 制定章程

1923年12月，《上海大学章程》在邓中夏的主持下制定完成并于当月5日在学校评议会通过，明确提出上海大学的办学宗旨为"养成建国人才 促进文化事业"。

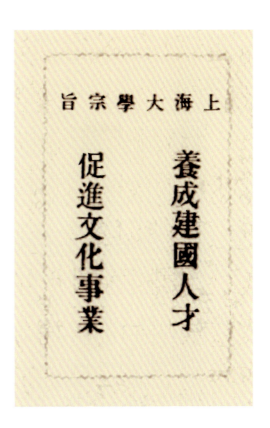

于右任为《上海大学章程》题签

6. 聘请教师

1923年3月5日,《民国日报》刊登《上海大学积极整顿》的消息:"今岁添办高级中学,并于原有之师范部各科添设主任、增聘教员。美术科主任为洪禹仇,文学科主任为张君谋博士,中学科主任为陈德徵君,皆积学热心之士。"

二、上大校长

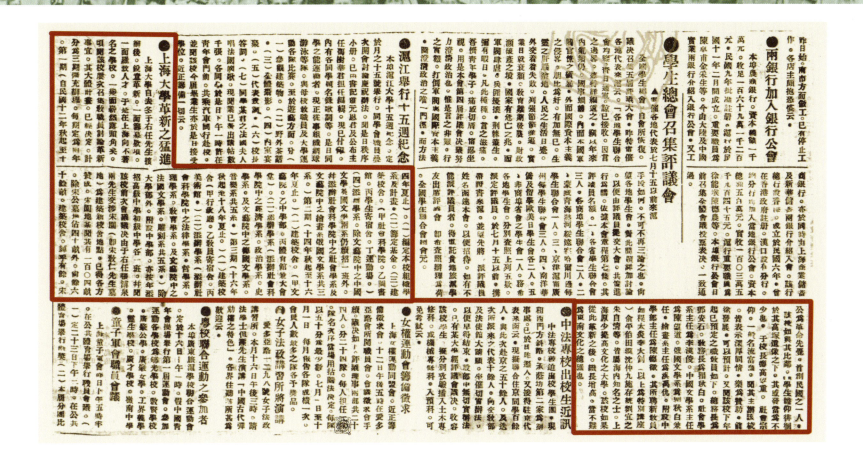

1923年6月14日,《民国日报》刊登《上海大学革新之猛进》的消息:"上海大学自去冬于右任先生接办后,锐意革新,一面筹募款项,一面罗致人才,于是在上海向不著名之学校,一变面崭然露头角矣。""又闻该校下年起已预定之职教员如下:总务长为邓安石、教务长为瞿秋白、社会学系主任为李汉俊、中国文学系主任为陈望道、俄国文学系为瞿秋白兼任、绘画系主任为洪禹仇、附设中学部主任为陈德徵。其所聘新教员如章太炎、李大钊(以上为特别讲座)、俞平伯、田汉、沈仲九、施存统、刘宜之、朱自清等皆属海内知名之士。上海原少提高文化之大学,该校如果从此革新之后,继长增高,当不难为东南文化之总汇也。"

第一任校长
于右任画传

1924年6月，上海大学教职员合影
前排左起：洪野（1）、陈抱一（2）、陈望道（3）、杨明轩（6）、刘大白（7）、于右任（8）、邵力子（10）、何世桢（13）、邓中夏（16）
中排左起：陈铁庵（3）、李瑞峰（5）、瞿秋白（8）
后排左起：许德良（1）、周建人（2）、沈雁冰（3）、田汉（7）、施存统（8）、韩觉民（9）、向浒（10）、翁吉云（11）、邱清泉（12）

二、上大校长

1925年9月,于右任聘赵景深为上海大学文艺院中国文学系教授的聘书

第一任校长
于右任画传

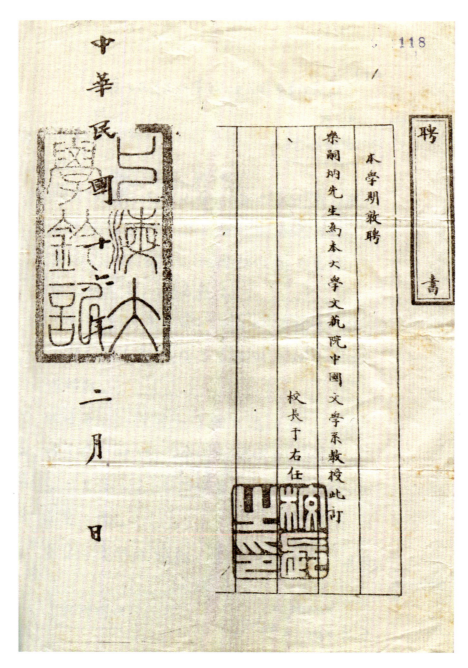

1927年2月，于右任聘乐嗣炳为上海大学文艺院中国文学系教授的聘书

7. 特别讲座

上海大学开设特别讲座，于右任聘请李大钊、张继、马君武等一批政治精英和文化名人担任讲座教授。1923年4—12月，李大钊曾五次到校演讲。

1923年4月15日，《申报》刊登《李大钊今晨在上海大学演说》的消息："上海大学校长于右任君，请其于今日（星期日）上午十时到校讲演，演题为'演化与进步'云。"

1923年7月13日，《申报》刊登《纪各校之毕业礼·上海大学》的消息：李大钊在上海大学美术科图音、图工组毕业典礼上演讲，"大意谓美术勿专供贵族阶级之所赏，应将现代社会之困苦悲哀表现出来"。

第一任校长
于右任画传

1923年11月13日,《民国日报》副刊《觉悟》刊登李守常（李大钊）在上海大学社会问题研究会所作的"社会主义释疑"演讲稿。

1923年11月29日,《民国日报》副刊《觉悟》刊登李守常（李大钊）在上海大学所作的"史学概论"演讲稿。

1923年12月4日,《民国日报》副刊《觉悟》刊登李守常（李大钊）在上海大学所作的"劳动问题概论（二）"演讲稿。

二、上大校长

1923年4月2日,《民国日报》刊登《张溥泉讲个人与社会》的消息。

1923年5月15日,《民国日报》刊登马君武到上海大学演讲"国民生计政策"的消息。

8. 招收学生

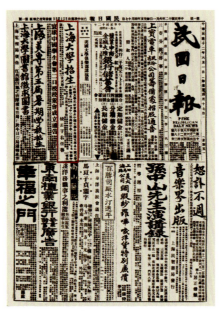
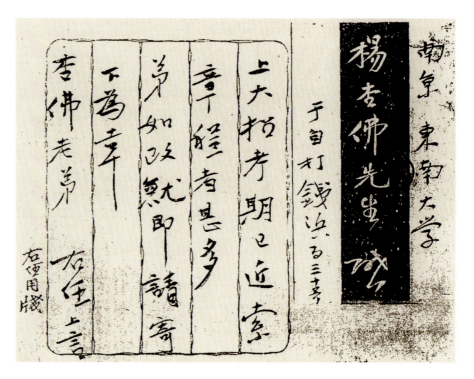

于右任请杨杏佛为上海大学拟就招生章程，后就招生章程之事致函杨杏佛。

1923年6月1日—7月5日，《民国日报》刊登《上海大学招生》广告。

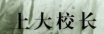
二、上大校长

1923年7月，于右任出席上海大学美术科图音、图工组学生毕业典礼，勉励学生继承先烈遗志，奋勉毋怠。图为在宋园宋教仁墓前合影

第一任校长
于右任画传

1924年春,上海大学全体学生合影

二、上大校长

1926年7月1日,中国文学系、英国文学系丙寅级举行毕业典礼(中坐长髯者为校长于右任)

第一任校长
于右任画传

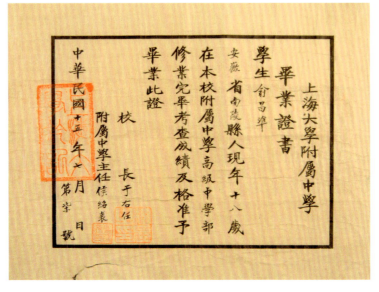

俞昌准（1926年7月毕业于上海大学附属中学）毕业证书

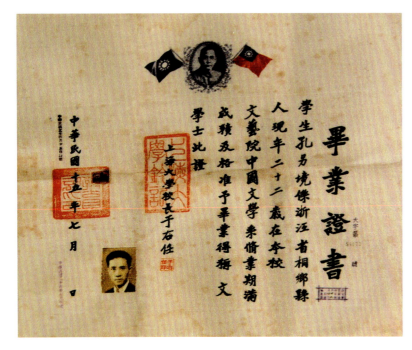

孔另境（1926年7月毕业于上海大学中国文学系）毕业证书

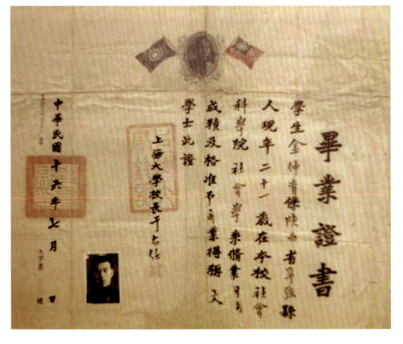

金仲育（1927年7月毕业于上海大学社会学系）毕业证书

二、上大校长

俞岳（1924年毕业于上海大学社会学系）毕业照

明哲（1926年毕业于上海大学中国文学系）毕业照

9. 风云际会

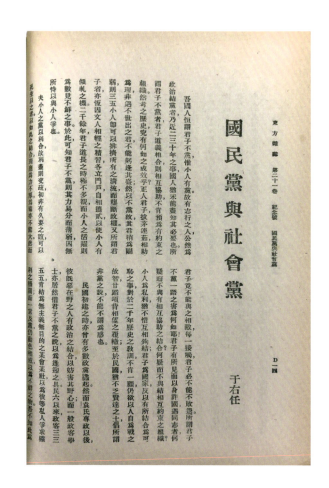

1924年1月10日,《东方杂志》第21卷第1号(二十周年纪念号上)刊登于右任《国民党与社会党》一文,认为两党"合则两益,离则两损",并提出"社会党乃吾国新起为政治活动之党,吾闻其党多青年有主张,能奋斗之,吾不能不有厚望于彼等"。

二、上大校长

1924年1月20—30日，于右任出席在广州召开的中国国民党第一次全国代表大会。大会确立了联俄、联共、扶助农工三大革命政策，标志着国共合作的开始。

第一任校长
于右任画传

中央执行委员于右任

于右任当选国民党第一届中央执行委员会委员。图为孙中山手书的国民党第一届中央执行委员会委员和候补委员名单

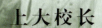二、上大校长

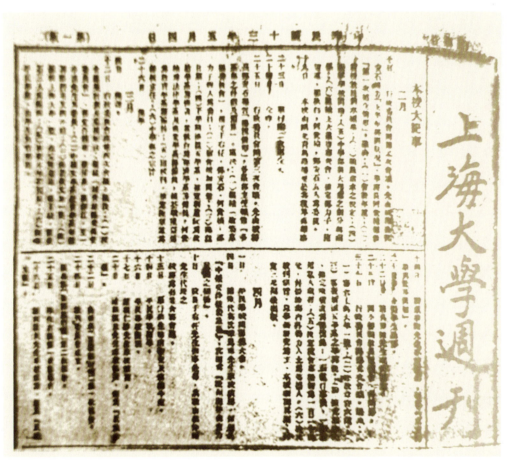

1924年5月，《上海大学周刊》第1期刊登于右任《〈上海大学一览〉弁言》："因思以兵救国，实志士仁人不得已而为之；以学救人，效虽迟而功则远。故曾宣言：'欲建设新民国，当先建设新教育，欲建设新教育，当自小学教育始。'讵意莘莘学子，环而请业，拒之无方，而上海大学之名，遂涌现于中华民国之教育界中。"

第一任校长
于右任画传

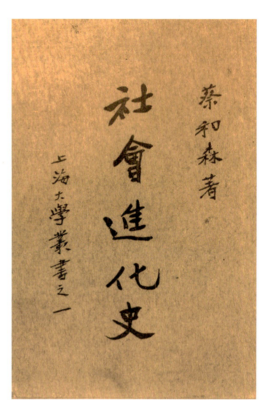

于右任为上海大学教师蔡和森《社会进化史》一书题写书名

上海大学是中国最早系统讲授马克思主义和社会主义理论的高等学府,其中正式出版的代表性教材为:蔡和森著《社会进化史》;《社会科学讲义》第一至第四集,包括瞿秋白著《现代社会学》《社会哲学概论》、安体诚著《现代经济学》、施存统编《社会运动史》《社会思想史》《社会问题》。

二、上大校长

1924年5月,孙中山在共产国际和中国共产党的帮助下,在广州黄埔创办陆军军官学校(简称黄埔军校)

　　上海大学和黄埔军校有着密切的联系,当时就有"文有上大,武有黄埔"之说。
　　上海大学是黄埔军校北方各省及苏浙皖地区考生复试场所;上海大学教师邵力子、恽代英、张秋人、安体诚、高语罕和学生阳翰笙、张治中赴黄埔军校任职任教;一大批上海大学学生转入黄埔军校学习。

第一任校长

于右任画传

于右任亲自推荐上海大学学生王逸常、张其雄、刘仲言、杨觉天、谭肇明等到黄埔军校学习。

王逸常（1896—1986），安徽六安人。上海大学社会学系毕业。1923年11月经瞿秋白、施存统介绍加入中国共产党。1924年经于右任推荐入黄埔军校一期。1926年参加北伐。曾任国民党军事委员会政治部少将部附。

张其雄（1902—1926），湖北广济人。上海大学社会学系肄业。1922年经董必武、李汉俊介绍加入中国共产党。1924年5月经于右任推荐入黄埔军校一期。1926年参加北伐。曾任国民革命军第八军政治部副主任兼秘书长、政治部党代表，授陆军少将军衔。

刘仲言（1903—1993），陕西三原人。上海大学中学部毕业。1923年经于右任推荐入黄埔军校一期。曾参加东征、北伐。1993年曾从大陆去台湾祭奠于右任墓园。

杨觉天（1904—1970），又名杨耀，陕西南郑人。上海大学社会学系毕业。1924年经于右任推荐入黄埔军校一期。1926年参加北伐，任国民革命军第二师四团少校营长。抗日战争期间在山西参加抗战。1951年入中国人民解放军西南军区高研班学习，任四川省军区参议。

二、上大校长

上海大学是五卅运动的策源地,当时就有"北有五四时期的北大,南有五卅时期的上大"之说。

1925年5月30日,五卅运动在上海爆发。

何秉彝(1902—1925),四川彭州人。1924年初入上海大学学习。1925年5月30日在南京路参加示威演讲时被英国巡捕枪击身亡。

瞿景白(1906—1929),江苏常州人。瞿秋白胞弟。1923年秋入上海大学学习。1925年5月30日在南京路参加示威演讲时被租界当局巡捕无理逮捕。

第一任校长
于右任画传

1925年6月6日，《民国日报》刊登《于右任论"五卅"案》："近日上海、青岛皆起工潮，青岛惨杀工人，上海则并殃及学生，此实我全国同胞应共同抗争之一大问题，中华民族消长，国民人格存长，于此决之。""一部分资本家每为拥护私利打破工人正当要求之计，动辄诬以共产、目为赤化，利用国际间之斗争，而使我颠连无告之工界同胞，绝其呼吁生存之路。事之不平，宁逾于是？况近更变本加厉，弁髦生命，青岛军队竟枪杀工人多命，上海则租界捕房对于请愿之学生，竟开枪轰击，死伤十余人。时非戒严，案非军事，来者为徒手学生，目的为请愿释囚。以其动机论，学生扶助工人，亦为人类互助应有之事，无罪可言；以其手段论，则游行请愿，固不能加害于捕房，试问租界捕房，准何理由，据何权限，有何必要，而能开枪杀人乎？上海此案，蹂躏人道，为世界稀有之暴举，是以我国民必须诉诸世界舆论，求彻底之伸雪，想凡主持正义之各国人，亦必能同情于我也。"

二、上大校长

1925年6月11日，《民国日报》刊登《上大呈交涉使文》："上海大学校长于右任为西捕解散该校事，特致函交涉员请其严重交涉。""查敝校缔造经营，所费不赀，今无故被英兵等恣意蹂躏，侵入驻扎，有形之损失固属不少，而优美之校誉，亦被破坏殆尽。试问该英兵等究奉何人命令，而发命令者究根据何项法律？如此蛮横，中外罕见。除损失确数，俟该英兵等退去，始可调查再行续请要求赔偿损失应暂保留外，所有敝校横被该英兵等强占情形，理合先行迫切报告，请求执事速向该加害之当事严重交涉，立饬将该兵等撤退，赔偿敝校一切损失，并向敝校登报道歉，以申公理而维主权，是为至盼。"

第一任校长
于右任画传

1925年6月15日,于右任为《上大五卅特刊》创刊题写刊名

1925年6月23日,《上大五卅特刊》第2期刊登《于校长关于本校之谈话》:"余当上海大学一周纪念介绍汪精卫氏演讲时,曾谓上大不比其他学校,希望上大同学,每人都能成为一强有力之炸弹,将来社会上定能发生极大之影响。此次沪变发生,余适在汴,接上大学生会之急电,乃顾谓友人曰:'上大之炸弹果爆发矣!'遂决定回沪一行。盖知帝国主义之爪牙,素嫉上大,必难佳〔幸〕免其蹂躏也;果也,上大竟以被解散闻矣!彼辈之手段,实至可哂!盖彼以为上大一经武力封闭,当必涣散;实则余敢断言,上大愈经阻力,精神愈焕,生命愈永。余此后当力图上大扩大与发展,盖余深信上大在中国实负有极重大之使命也云云。"

二、上大校长

▲ 主席 于右任

● 遊行隊前之大旗

北京各界之總示威

國人憤滬漢等慘殺案，特於五月二十五日舉行全國總示威，北京各界亦於是日集會北京天安門，悲狀熱烈得未曾有。大會總指揮爲馬良，主席爲于右任等，下列各圖，即集會時之種種情形。

1925年6月25日，北京各界民众30万人在天安门举行集会。于右任担任大会主席，披露五卅惨案景状。会后进行了示威游行。

第一任校长
于右任画传

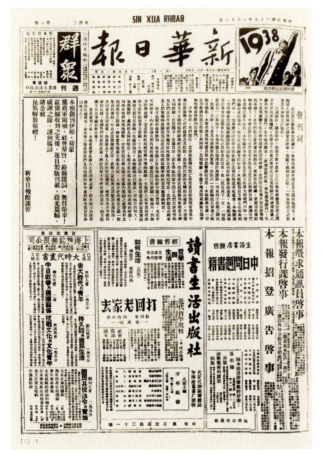

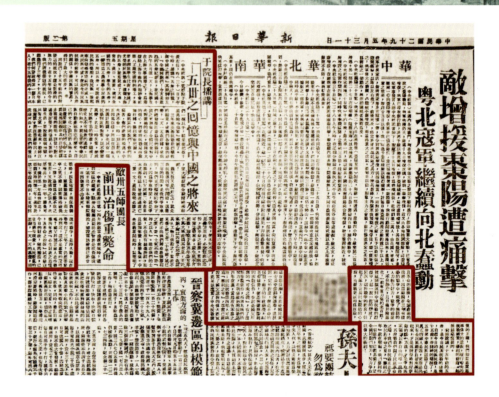

1938年1月,应周恩来、朱德之邀,于右任为抗日战争期间中国共产党在国民党统治区创办的报纸《新华日报》题写报头。

1940年5月31日,《新华日报》刊登《于右任播讲·五卅之回忆与中国之将来》:"全国同胞们!今天是壮烈的五卅纪念日,在民国十四年五月这一天,上海学生在上海大学领导之下,为着援助上海日商内外棉纱会社第八工厂受虐待的华工,并要求释放学生代表,曾流了光荣的民族热血。这个上海的五卅,接着就成了天津、青岛、汉口、重庆、广州、全国性的五卅,学生的五卅,一变而为工农商学全民众的五卅。所以五卅,可说是我民族的觉醒,我民族一致起来向侵略者空前的示威,这次民族示威,便是今日民族抗战的前奏,可以说因五卅的关系,中华民族的团结,得到了最大的进步。"

二、上大校长

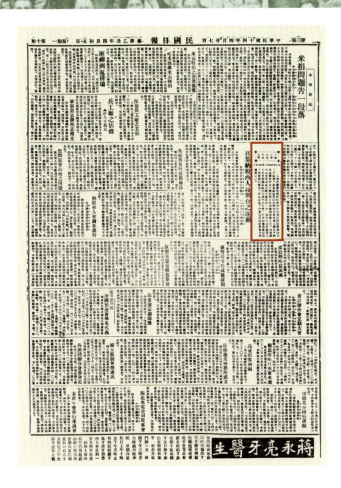

1925年4月27日，《民国日报》刊登《上海大学改名中山大学 俟有切实改革计划然后实行》的消息："上海大学学生会昨接广州中央执行委员会来函云：径复者，案准胡展堂同志转来贵会请将上海大学改名为国立中山大学并增设政治、经济、教育三系，以垂孙中山先生永久之纪念等由函一件，当即提出本会第七十五次会议决议改名为中山大学，俟有切实改革计划，然后实行等因，准函前由，相应录案函复贵会查照为荷云云。"

上海大学的申请未获批准。1926年7月，国立广东大学更名为"国立中山大学"。

1926年3月,上海大学师生高举校旗,参加纪念孙中山逝世一周年集会

良师益友

　　于右任担任上海大学校长期间，甘任勤劳，自担庶务，为师生所敬仰。上海大学于 1927 年 5 月被武力封闭后，师生散于各地，各行其志，于右任执守师生之谊，对上海大学校友关爱有加，多有提携。

三、良师益友

邵力子（1882—1967），原名闻泰，字仲辉，浙江绍兴人。1904年与于右任在上海震旦学院相识，结为挚交。1905年共同辅助马相伯创办复旦公学。1906年同赴日本考察并加入中国同盟会。回上海后帮助于右任创办《神州日报》《民呼日报》《民吁日报》《民立报》。为中国共产党发起组织成员。1919年6月，任《民国日报》主笔并开办副刊《觉悟》。1922年10月23日上海大学成立后，于右任任校长，1924年邵力子任代理校长。1925年，因受租界当局迫害，离开上海大学赴广州，先后任黄埔军校秘书长，政治部副主任、主任。1926年，经中共中央批准，退出中国共产党；同年11月，赴苏联参加共产国际第七次扩大会议。1949年，为国民政府和平谈判代表团成员；同年，出席中国人民政治协商会议第一届全体会议。后任政务院政务委员、中苏友好协会副会长、民革中央常委。为第一至第三届全国人大常委会委员、第一至第四届全国政协常委，《辞海》第二版主编。

于右任（左）与邵力子

于右任为《民国日报》题写报头（邵力子是《民国日报》总经理兼副刊《觉悟》的主编）

第一任校长
于右任画传

前排右一：于右任，右二：王一亭，右四：爱因斯坦，右六：爱因斯坦夫人；后排右一：张季鸾，右三：威斯特，左四：张君谋

王一亭（1867—1938），名震，号梅花馆主，浙江湖州人。上海大学校董、教师。上海大实业家。业余习书画，是继吴昌硕之后"海上画派"的代表人物之一。

　　1922年11月13日，著名物理学家、诺贝尔奖获得者爱因斯坦造访日本，途经上海。于右任作为东道主之一，与王一亭在梓园（王一亭寓所）宴请爱因斯坦夫妇。于右任代表东道主致辞，张君谋（上海大学教师）用德语发表简短演说。参加此次接待的有：于右任、王一亭、张君谋、张季鸾（《大公报》主编）、威斯特（同济大学校长）夫妇等。爱因斯坦于当天上午在上海汇山码头从瑞典驻沪总领事手中接过诺贝尔物理学奖通知书。

三、良师益友

张君谋（1894—1958），名乃燕，浙江湖州人。张静江之侄。1923年3月任上海大学文学科主任、教授。1928年任国立中央大学校长。

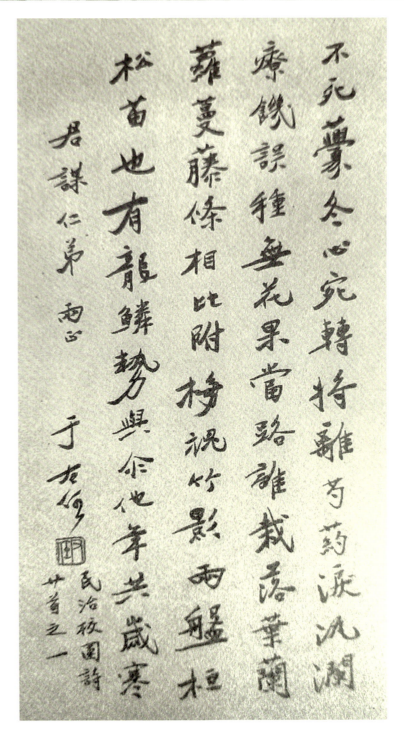

于右任书赠上海大学教师张君谋

第一任校长
于右任画传

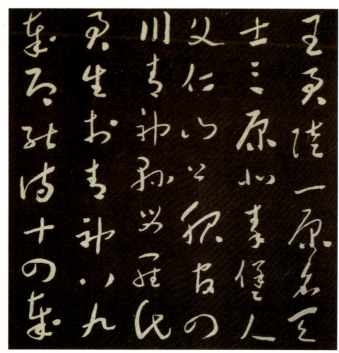

于右任题写《王故监察使陆一墓志铭》（局部）

于右任题写《王陆一先生遗墨》

王陆一、周沛霖夫妇合影

王陆一（1896—1943），陕西三原人。1922年协助于右任参与创办上海大学并任国文教师、文书主任。1949年跟随于右任寄居台湾，曾任监察院秘书长。其女儿王芷来由于右任抚养长大。

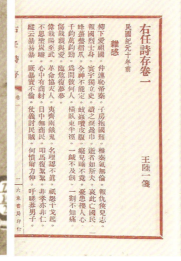

◎ 西安市档案馆藏《右任诗存（第二册）》封面题有"陆一同志转交沛霖同志惠存 十六年三八节 于右任赠"，"陆一"即王陆一，"沛霖"即王陆一夫人。1932年重新出版的《右任诗存》由王陆一笺。

三、良师益友

于右任写给吴季玉的信

◎ 吴季玉与于右任是挚友。1924年9月于右任为学校办学经费发愁之际,吴氏慨然相助5000元。于右任在北京菊儿胡同的四合院住宅,为吴氏所赠送。吴氏最初去台湾时,户口就落在于右任家里。吴氏常年居住香港。1956年于右任通过吴氏与大陆的亲人取得联系后,吴氏一直为于右任在海峡两岸传递信息。1961年吴氏转达了于右任无法赴大陆为元配夫人高仲林80寿辰庆寿的遗憾,周恩来总理得知后,亲自安排高仲林寿庆之事,令于右任感动不已。

第一任校长
于右任画传

○于右任赠总理遗墨

中央委员于右任先生,昨致全国运动大会影印总理遗墨五十份,题曰"尚武楼",下有于先生跋曰:尚武楼三字,为总理所书,赠中华武术会者,总理生平不习书,亦无暇习书,而其浑厚渊穆之气,自入於古,所谓人书俱老,中华全国运动会开会於杭州,因从吴志青同志手,索来影印,以赠得胜者,尤愿总理之奋斗精神,普及全国也。十九年黄花冈纪念日于右任敬记。

1930年4月4日,《申报》刊登《于右任赠总理遗墨》的消息:于右任影印孙中山遗墨"尚武楼"50份,赠中华全国运动会得胜者

1922年,孙中山为吴志青创立的中华武术会题写"尚武楼"

吴志青(1887—1951),安徽歙县人。1923年秋任上海大学选科教授,教授体育课程。1924年加入中华革命党,追随于右任西行,加入西北国民军,任第五军全军武术总教练。1926年底应于右任之邀任南京中央国术研究(研修)馆董事。

三、良师益友

周水平（1894—1926），原名侃，又名树平，字刚直，江苏江阴人。1924年到上海大学中学部任体育教员，同年4月12日在《民国日报》副刊《觉悟》上发表《下风底死》一文，被侯绍裘（上海大学中学部主任）编入教材《国语文选》。1925年春加入中国共产党。1926年1月被军阀孙传芳密令杀害。1926年11月25日毛泽东以"润之"的笔名在《向导》周报第179期上发表《江浙农民的痛苦及其反抗运动》一文，对周水平作出高度评价。

1933年，于右任为原上海大学教师、共产党员周水平烈士题写墓碑

第一任校长
于右任画传

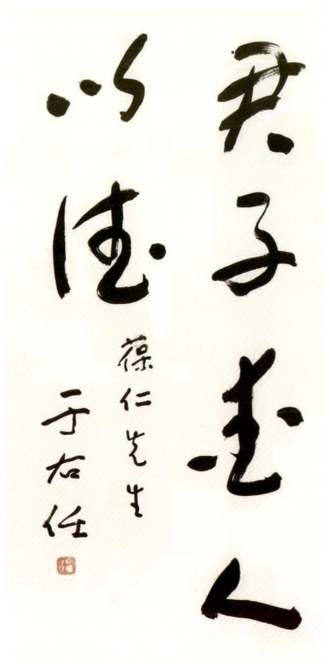

于右任为原上海大学教师何葆仁题赠"君子爱人以德"

何葆仁（1895—？），又名保仁，福建漳州人。在美国伊利诺大学获政治学博士学位。回国后曾任上海大学英国文学系法学通论、哲学史课程教授。

三、良师益友

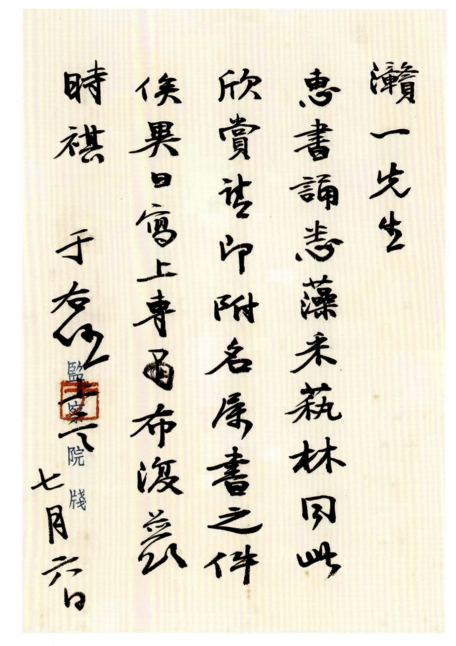

瀞一先生

惠書誦悉藻禾蕘林貝岫
欣賞祛卬附名屬書之件
俟異日寫上專圖布復䪺
時祺　于右任
　　　七月六日

陈瀞一（1892—1953），江西黎川人。曾任上海大学中国文学系国文名选著课程教授。

于右任致原上海大学教师陈瀞一的信

第一任校长
于右任画传

于右任题赠原上海大学教师任中敏《清凉庵赠僧》:"芒鞋定远近,天路临苍苍。结宇久未了,种松新已长。平池托空影,断壁飞斜光。欲问吾师法,吾师法已忘。"

任中敏(1897—1991),原名讷,号二北、半塘,江苏扬州人。中国戏曲史家、戏曲理论家。曾在上海大学任教。

三、良师益友

于右任支持钱病鹤在《民权报》上刊登讥讽袁世凯的"百猿图"。钱病鹤后来又整理出版《袁政府画史》。

钱病鹤（1879—1944），本名鑫，又名云鹤，字味辛，江苏湖州人。辛亥革命前参加《民立报》工作。1924年任上海大学美术科国画等课程教授。

于右任为原上海大学教师钱病鹤编《近世一百名家画集》题写书名

第一任校长
于右任画传

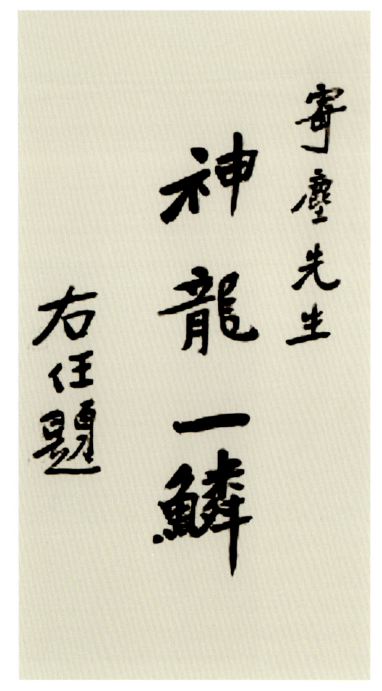

于右任题赠原上海大学教师胡寄尘"神龙一鳞"

胡寄尘（1886—1938），字季仁，安徽泾县人。1922年春入职东南高等专科师范学校讲授国文，后转入上海大学任教。

三、良师益友

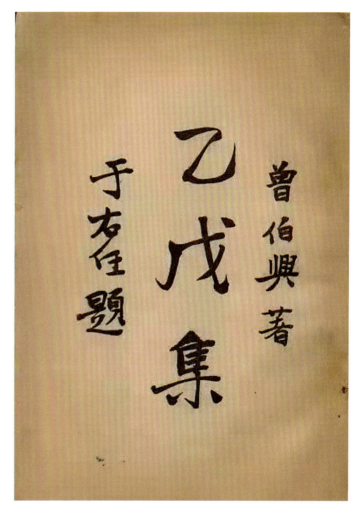

于右任为上海大学教师曾伯兴著《乙戊集》题写书名

曾伯兴（1886—1942），名杰，湖南新化人。1923年前后，任上海大学中国文学系英文等课程教授。

第一任校长
于右任画传

◎ 高语罕回忆:"在上海大学的时候,于先生在同兴楼请过我吃过一餐饭,在座的有一位客人是叶楚伧先生,那时我刚回国不久,在上大担任政治学的讲演,并在上大高中任课。"(虞和平主编:《中国抗日战争史料丛刊 761》,大象出版社2016年版,第257页)

高语罕(1888—1948),原名超,安徽寿县人。曾赴日本早稻田大学学习。辛亥革命后,任安徽青年军秘书长。1920年冬,加入中国社会主义青年团。1921年10月,加入中国共产党。1922年8月,赴德国哥廷根大学留学,加入中共旅德支部。1925年春回国;同年9月,任上海大学社会学系政治学、西方革命史等课程教授;同年12月,任黄埔军校政治教官。

1923年10月10日,胡朴安与于右任、柳亚子等一起参加叶楚伧、吴梦芙结婚喜宴。(《于右任传》,陕西人民出版社2016年版,第340页)

胡朴安(1878—1947),字仲明,安徽泾县人。长于训诂学。辛亥革命前在《民立报》工作。1924年春受于右任之邀,任上海大学中国文学系文字学等课程教授。

于右任为原上海大学学生安剑平编著《大侠魂论》一书题字

安剑平（1900—1978），名若定，号天侠，江苏无锡人。1923年9月入上海大学社会学系学习。1924年1月在上海大学创建中国孤星社并任社长，创办《孤星》旬刊并任总编辑。1932年在南京发起组织铸魂学社，同年编著出版《大侠魂论》。

第一任校长
于右任画传

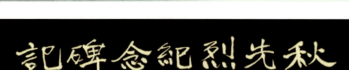

1930年3月,于右任书写蔡元培撰《秋先烈纪念碑记》

王灿芝(1901—1967),名桂芬,别号小侠,湖南湘乡人。辛亥革命先烈秋瑾之女。1924年在于右任帮助下入上海大学学习。1929年留学美国纽约大学航空专科,回国后任军政部所属航校教官。为中国第一位女飞行员。

三、良师益友

范鸿仙（1882—1914），名光启，别署孤鸿，安徽合肥人。中国同盟会元老。于右任故交。两人共同创办《民呼日报》《民吁日报》《民立报》。1914年在上海被暗杀。于右任给予范家无微不至的照顾，帮助范家子女范雪筠、范天平姐弟入上海大学社会学系学习。1925年又帮助范家从上海迁居南京。

屈武、于芝秀夫妇合影

于芝秀（1902—1969），陕西三原人。于右任长女。1922年4月2日与屈武结为夫妻。在于右任影响下，1923年8月入上海大学学习。1925年10月赴莫斯科中山大学留学，同行者还有张闻天、王稼祥等。

第一任校长
于右任画传

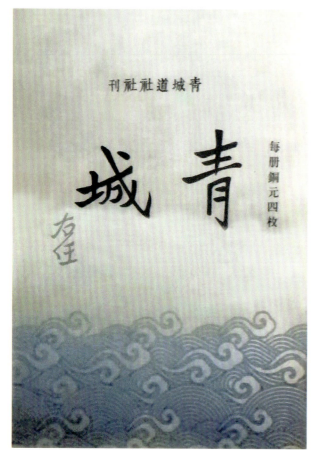

于右任为上海大学学生糜文浩编印出版的《青城》题写刊名

青城导社旧址

糜文浩（1901—1927），又名李仲苏，江苏无锡人。1923年入上海大学社会学系学习。1924年加入中国共产党。1927年5月在上海就义。

糜文浩与胞兄糜文溶在家乡无锡创建无锡地区第一个由共产党组织的进步团体青城导社，还编印出版《青城》。

三、良师益友

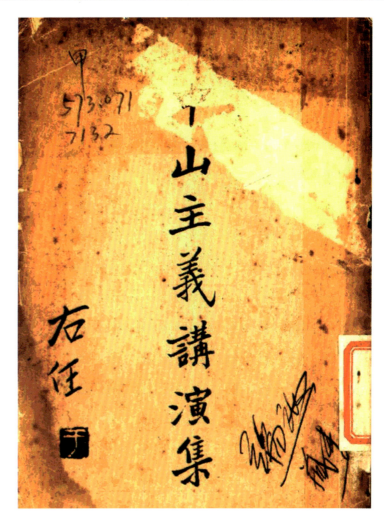

于右任为上海大学学生马凌山编《中山主义演讲集》题写书名

马凌山（1902—1931），又名生武，陕西合阳人。1924年初入上海大学社会学系学习。1927年5月30日在兰州举行的五卅纪念大会上发表演讲，严厉谴责蒋介石发动的四一二反革命政变。

第一任校长
于右任画传

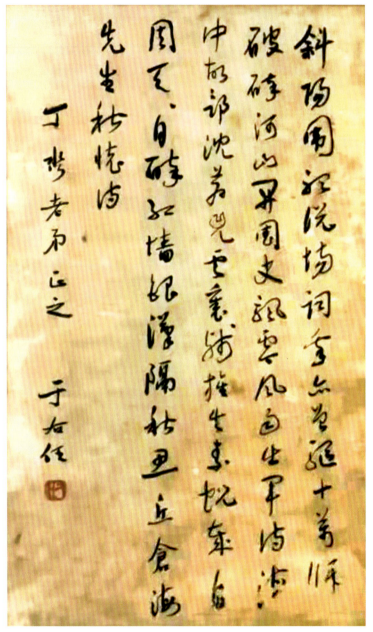

于右任为原上海大学学生丁嘉树题字

丁嘉树（1907—?），又名丁森、雨林、丁丁，浙江嘉善人。1925年9月入上海大学中国文学系学习。1936年9月在《上海大学留沪同学会成立大会特刊》上发表关于上海大学同学会筹备经过的文章。

三、良师益友

1945年秋，罗化千在国民政府还都南京前夕辞去军政部会计处职务，以卖字画为生。曾到监察院晋谒于右任。

罗化千（1901—1986），原名空，号浮云，浙江富阳人。曾就读于上海大学社会学系。擅长泼墨山水，字则专师龙门魏碑。为了扶掖这位青年后进，于右任、戴季陶、蔡元培、吴敬恒、李煜瀛和王一亭等在1931年8月23日上海《民生报》上联名推荐。

1946年5月6日，《中央日报》刊登《罗空（别号化千）还都鬻字》的消息并附于右任赠言："罗化千弟精研金石并擅书法，历年以来，或捐书代赈，或义卖劳军，尤为艺林称赏。近已还都安砚，书此为介。"

第一任校长
于右任画传

◎ 梁披云回忆:"就读上海大学时,受到于右任先生的影响。于先生对学生很好,对我也很好。于先生教我们学书法,要求我们喜欢什么碑帖就去学什么碑帖,要从兴趣爱好出发,不要有框框,不要看别人眼色。我的书法受于先生早期书法影响,重北碑与墓志。"(《与梁披云畅谈其一生与书法结缘》,《晤对书艺》,湖南美术出版社2011年版,第103页)

梁披云(1907—2010),又名龙光、雪予,福建泉州人。1924年入上海大学学习。1925年南下广东宣传五卅惨案真相。1929年春在泉州创办黎明中学并任校长,特聘于右任为董事并请于右任题写校名。1943年于右任在重庆为梁披云书写"思基楼"匾额。后侨居澳门。2007年获澳门特别行政区颁发的大莲花勋章。

王显诏（1902—1973），原名观宝，广东潮州人。近现代中国书画名家。1922年入上海大学美术系学习，1924年毕业。

于右任为原上海大学学生王显诏编《王显诏山水册》题写书名

第一任校长
于右任画传

于右任为原上海大学学生张弦题挽词"绝艺留寰宇，哀歌杂薤蒿"。
图为1936年10月12日《时代报》刊登《挽张弦的名句》

1930年秋，张弦（左一）、刘海粟和张韵士夫妇、巴黎美专校长阿尔培·裴那、傅雷在裴那画室

张弦（1898—1936），字亦琴，浙江青田人。现代中国美术界先驱者之一。1923年毕业于上海大学美术科。20世纪20年代初，入巴黎美术学院学习西画，毕业后留校任教。回国后任上海美术专科学校、国立美术专科学校、南京中央大学艺术系教授。

三、良师益友

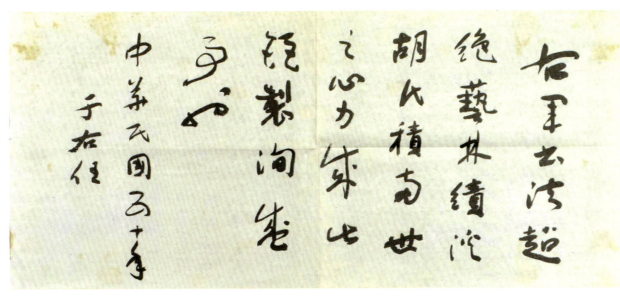

于右任为原上海大学学生胡钟吾《集右军书》题赠："右军书法，超绝艺林，绩溪胡氏，积两世之心力，成此巨制，洵盛事也。"

胡钟吾（1906—2005），安徽绩溪人。曾就读于上海大学社会学系。

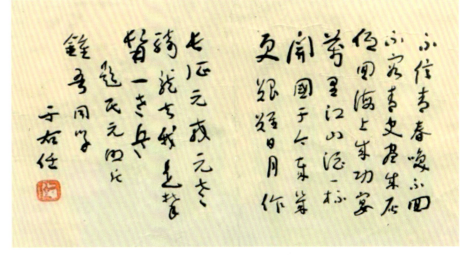

于右任题赠原上海大学学生胡钟吾自作诗《题民元照片》："不信青春唤不回，不容青史尽成灰。低回海上成功宴，万里江山酒一杯。开国于今岁几更，艰难日月作长征。元戎元老骑龙去，我是攀髯一老兵。"

第一任校长
于右任画传

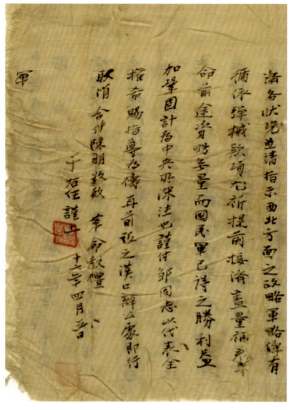
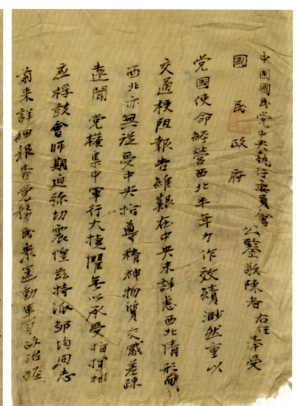

1927年4月5日，于右任致函中国国民党中央执行委员会和国民政府，委派邹均汇报陕西党务、政治、军事、财政等事项。

邹均（1900—1930），陕西富平人。1923年在北京加入中国共产党。1924年初入上海大学社会学系学习。1927年4月由国民军联军驻陕总司令于右任委派为驻武汉的全权代表。1930年夏任中共河南省委军委书记，同年冬在新乡牺牲。

三、良师益友

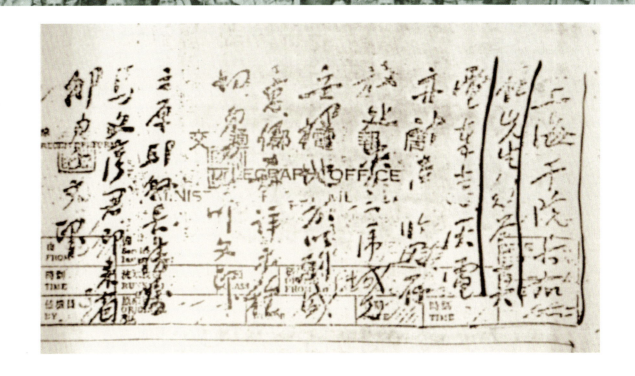

　　1935年10月11日,于右任为捐赠鸳鸯七志斋藏石,从上海给陕西省政府主席邵力子和西北绥靖公署杨虎城发了一封电报。邵力子复函,由马文彦来陕西省负责转运事宜。

　　这批藏石今保存在西安碑林博物馆。

　　马文彦(1902—1983),化名曹骏天,陕西三原人。经于右任介绍,1923年入上海大学中国文学系学习,其间加入中国共产党。1926年5月经李大钊推荐任于右任俄文翻译,陪同于右任赴苏联与冯玉祥取得联系。1927年1月任国民军联军驻陕总司令部秘书。1936年作为杨虎城的参议参加西安事变,后把中共中央关于西安事变的四项声明带给于右任,于氏请张继在纪念孙中山逝世13周年纪念会上全文宣读。抗日战争全面爆发后作为于右任秘书一起撤至重庆。

第一任校长
于右任画传

◎ 关中哲回忆:"于公对写碑文是富有经验的,对松轩先生又是熟悉的。两日后他自备纸张写出。中间是四个大字,约斗大。即'德厚教深'。上款是杨松轩先生逝世四周年纪念。下款是学生关中哲敬立和于右任书。"(《请于公书写"德厚教深"纪念碑经过回忆》,《杨松轩诞辰120周年纪念文集》,陕西人民教育出版社1992年版,第277页)

关中哲(1903—1995),笔名索军、宗则、大森,陕西渭南人。1924年2月入上海大学社会学系学习,其间参与编辑上海大学陕西同乡会主办的进步刊物《新群》。1925年加入中国共产党。1926年回陕西任绥德第四师范学校教员兼政治课主任,为中共绥德特别支部成员。

范守渊(1906—1988),浙江天台人。曾就读于上海大学英国文学系。1929年毕业于同德医学院。八一三淞沪抗战时正任上海劳工医院院长,即率领医护人员全力救治抗战军民。上海沦陷后,拒不接受伪职而离开医院。抗日战争胜利后重回医院任院长。

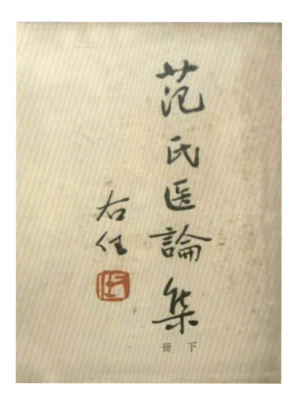

于右任为原上海大学学生范守渊著《范氏医论集》题写书名

三、良师益友

1931年,"呜呼秋石女士纪念之碑"立于江苏吴江北厍葫芦兜北莲荡南岸(今吴江烈士陵园)张应春衣冠冢前。

张应春(1901—1927),原名蓉城,字秋石,江苏吴江人。1925年入上海大学学习,同年11月加入中国共产党。1927年4月赴南京从事革命工作,同月在南京牺牲。

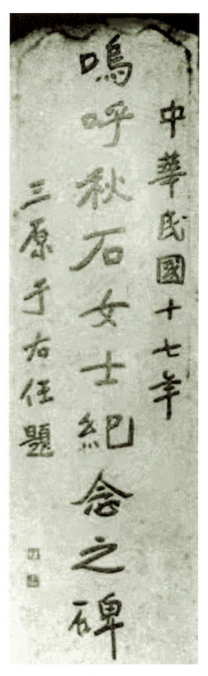

1928年,于右任为原上海大学学生、共产党员张应春烈士题写"呜呼秋石女士纪念之碑"

第一任校长

于右任画传

郑仲武（1900—1956），福建莆田人。曾就读于上海大学。1942年与林剑华在莆田公学旧址筹办私立中山中学（初名右任中学，于右任建议改为中山中学并手书校名）。1944年在学校修建右任堂。1949年1月于右任令秘书李祥麟护送其女于绵绵、于无名两姐妹至中山中学就读，寄托于郑家，同年7月与于右任二女同往台湾定居。

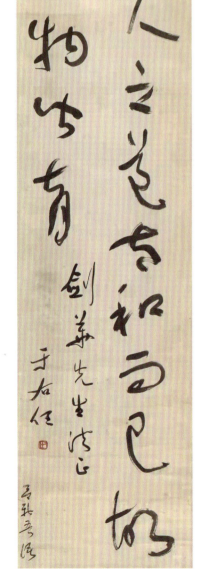

林剑华（1901—1966），原名景滢，号兼化，福建莆田人。毕业于上海大学中国文学系。1927年经于右任推介任江西南昌《国民日报》总编辑，与于右任时有诗书文字来往。1942年与郑仲武在莆田公学旧址筹办私立中山中学（初名右任中学，于右任建议改为中山中学并手书校名）。

于右任书赠原上海大学学生林剑华

三、良师益友

于右任书赠原上海大学学生吴开先

《于右任草书千字文》原为于右任赠吴开先，后吴开先转赠刘雅农，又传至刘冰，刘冰将其捐赠陕西历史博物馆。2019年为纪念于右任诞辰140周年，上海书画出版社影印出版《于右任草书千字文》长卷。

吴开先（1899—1990），上海青浦人。曾就读于上海大学社会学系。1949年移居台湾，曾任世界书局董事长。

第一任校长
于右任画传

于右任与原上海大学学生张治中合影

◎ 张治中回忆:"那时的'上大'是染着'红色'的,校长是于右任。有一次,'上大'开纪念苏联十月革命的会,我听到于右任的讲演、瞿秋白的讲演,都是推崇社会主义苏联的话,更使我心向往之。"(《张治中回忆录》,文史资料出版社1985年版,第53页)

张治中(1890—1969),原名本尧,字文白,安徽巢湖人。1923年入上海大学学习俄文。1924年初任黄埔军校教官、学生队总队长。1926年参加北伐。抗日战争后期作为国民党方面代表参加国共谈判,维护国共合作。新中国成立后曾任全国人大常委会副委员长、国防委员会副主席。

三、良师益友

吴绍澍（1905—？），字雨生、雨声，上海松江人。曾就读于上海大学社会学系。1945年8月15日任国民党上海市副市长，20日兼任社会局局长。新中国成立后曾任交通部参事。

于右任与原上海大学学生吴绍澍合影

曹天风（1902—1992），原名祖建、国材，浙江天台人。1922年入上海大学学习。1925年参加五卅运动。四一二反革命政变后，辗转于上海、江苏、武汉、湖南、广东等地。原名天疯，于右任说："男儿可希圣，何以疯为？"遂改名天风。

第一任校长
于右任画传

严信民（1902—1988），陕西澄城人。1923年入上海大学社会学系学习。1924年1月赴莫斯科东方大学学习。1927年初在西安中山学院任教，兼任国民军联军驻陕总司令于右任秘书。

何挺杰（1908—1966），字亚尘，陕西汉中人。何挺颖烈士之弟。曾就读于上海大学。1925年加入中国共产党。1929年10月，赴日本东京法政大学经济系学习。九一八事变后回国，任南京国民政府监察院院长于右任书记官。

李清漪（1902—1927），字泮溪，山东沂水人。1922年入上海大学社会学系学习。1924年加入中国共产党，是沂水县党组织创建人之一。1925年秋受党组织派遣，随于右任到北京、天津、保定一带力促孙岳、邓宝珊部策应北伐。

三、良师益友

王超北（1903—1985），陕西澄城人。1923年入上海大学学习。1925年加入中国共产党。因领导学生参加非基运动遭捕，由于右任出面保释。后到西安任国民军联军驻陕独立二师政治处处长。西安事变后在中共中央直接领导下长期从事秘密情报工作。

黄绍耿（生卒年不详），广西容县人。1925年入上海大学社会学系学习。1940年在安徽棠樾为纪念于右任校长创办私立右任中学。

党维蓉（1908—1931），陕西富平人。1925年入上海大学社会学系学习，同年秋加入中国共产党。四一二反革命政变后被国民党当局逮捕并判刑八年。中共党组织通过于右任具保获释。后任中共上海沪西区委组织部部长、山东临时省委宣传部部长、青岛市委书记等。

第一任校长
于 右 任 画 传

岳池一中校园内于右任铜像

新三中学旧址

　　1939年春，于右任为纪念父亲于新三，指派秘书李楚材、原上海大学学生詹正圣到四川岳池筹办新三中学。1939年秋，岳池县私立新三初级中学（今岳池一中）成立，于右任为名誉董事长。

四

力促复校

　　自 1927 年 5 月上海大学被封后,国民政府教育部不承认上海大学学生学籍,致使曾在上海大学求学的近两千名学生在就业、晋级等方面受到不公平待遇。1936 年,于右任为争取学生学籍资格,与国民党当局一再交涉,终获认定。上海大学毕业生追认学籍后,多地纷纷成立上海大学同学会,进行复校活动。

四、力促复校

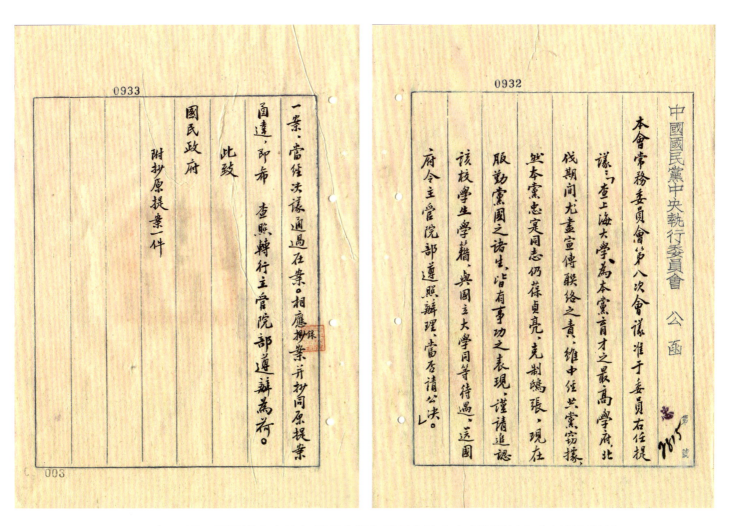

1936年3月，国民党中央执行委员会常务委员会第八次会议通过于右任关于追认上海大学学生学籍与国立大学同等待遇议案之公函

第一任校长
于右任画传

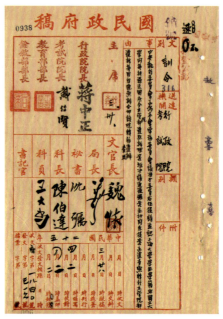

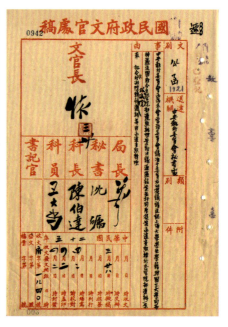

1936年4月，国民政府就国民党中央执行委员会常务委员会第八次会议关于追认上海大学学生学籍与国立大学同等待遇决议，送达行政院、考试院的训令和国民党中央执行委员会秘书处的公函

四、力促复校

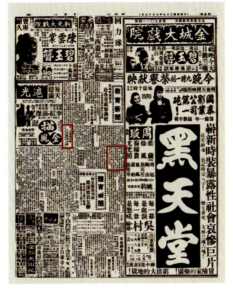

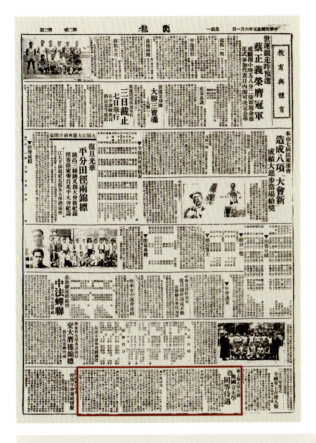

1940年7月19日,《新闻报》刊登《前上大毕业证书已由教育部颁发》的消息

1936年6月1日,《民报》刊登《前上海大学生籍与国立大学同等待遇》的消息

第一任校长
于右任画传

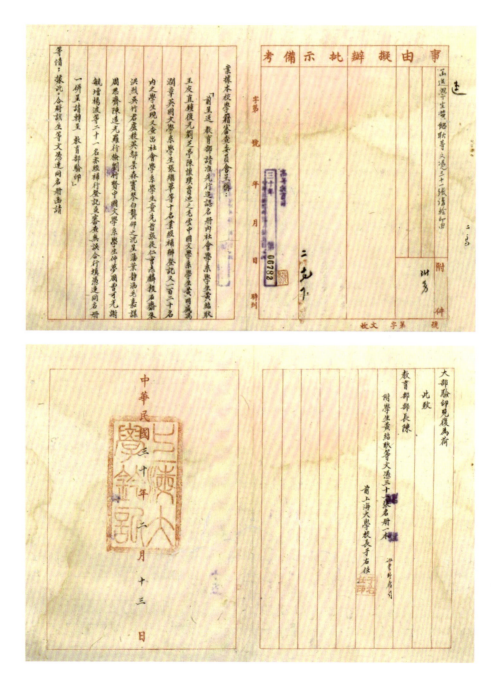

1941年2月13日，于右任致函国民政府教育部提请为上海大学黄绍耿等31名学生文凭验印

四、力促复校

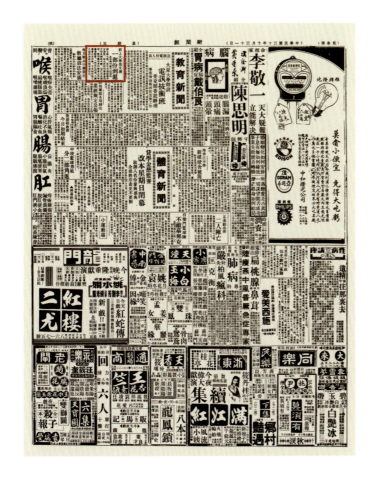

1941年10月31日,《新闻报》刊登《前上大毕业文凭一部分到沪》的消息:"前上海大学,自中央通过补发文凭后,即由该校同学会协助于右任校长办理手续。现已完全办妥。闻所属留沪同学会之同学毕业证书,一部分已到沪。凡属沪会之各同学,可至福州路三八四弄四号向姚云君接洽云。"

第一任校长
于右任画传

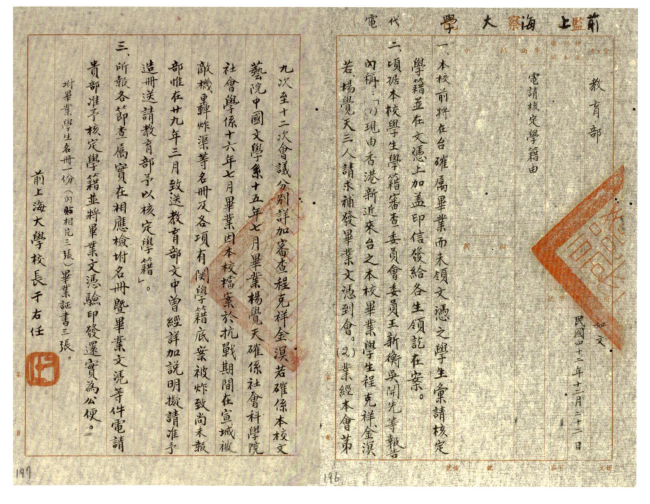

1953年12月22日，于右任提请为上海大学学生程克祥、金溟若和杨觉天核定学籍并将毕业文凭验印发还

四、力促复校

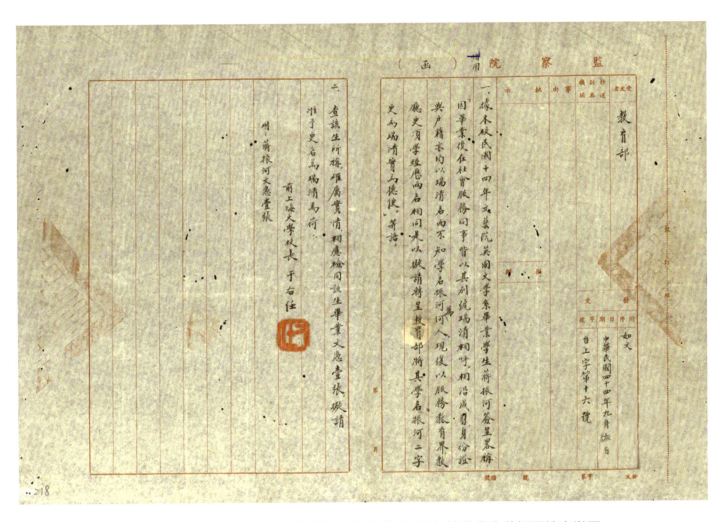

1955年9月6日，于右任提请为上海大学1925年毕业学生蒋振河核查学历并准予更名为蒋瑞清

第一任校长

于右任画传

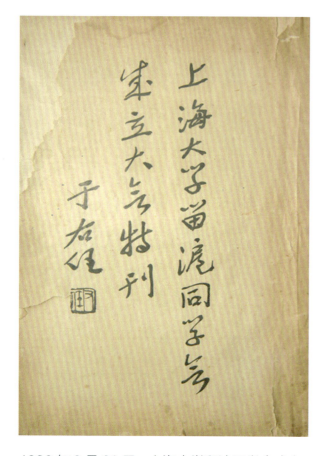

1936年9月28日,上海大学留沪同学会成立。于右任为《上海大学留沪同学会成立大会特刊》题写刊名

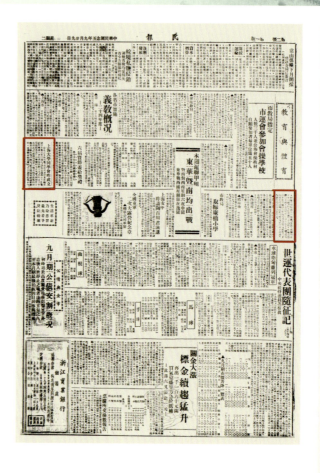

1936年9月29日,《民报》刊登《上海大大学同学会昨成立》的消息:"前私立上海大学,自中央承认其学籍与国立大学同等待遇后,该校留沪学生,即筹组同学会,登记者已百数十人,于昨日下午假法租界景平中学举行成立大会。到校长于右任氏,代表教职员周由廑、周越然、唐鸣时、汪馥泉及学生等百余人。"

四、力促复校

上海大学同学会·庆祝于院长寿辰

通过筹办右任图书馆等提案
于氏训词赞同原则但请易名

慶祝情形

愚園路華華中學舉行、計
到于校長邵力子王陸一周
越然、同學會南京總會、上
海、南昌、西安鎮江武昌開封
杭州成都福州等各地分會
代表吳開先·丁嘉樹·張士
韻·唐純茵·及華華中學全
體師生共一千餘人、主席
團吳開先高爾柏林鈞·丁
等相繼致詞、同學會旋推
禮如儀、首由吳開先報告
慶祝大姊六秩壽辰意
義、南京總會上海分會代
表報告會務、旋由邵力子
代致吳開先·丁丁·張士
韻·唐純茵·及華華中學全
體師生共一千餘人、主席
團吳開先高爾柏林鈞·丁
等相繼致詞、同學會旋推
禮如儀、首由吳開先報告
慶祝大姊六秩壽辰意
義、南京總會上海分會代
表報告會務、旋由邵力子
代致吳開先至會時、樂隊
隊前導、禮炮齊鳴、全體向
于氏行三鞠躬禮致敬、情
形至爲熱烈、丁程永嘗恭迎于校長到
會致訓詞、于氏蒞會時、樂隊
『右任圖書館』等提案、當
晚復有歌曲平劇等盛大遊
藝、以示慶祝、

通過提案

『右任圖書館』、㈡創立一個
『右任中學』、㈢創立一個
『右在文化館』、㈣編輯一
部『于校長文集』、㈤國徽集
一部『于校長壽辰紀念冊』等
大要求恢復母校『上海大
學』、議決通過、第㈠㈡㈢項
因四項、由南京總會進行
辦理、『國國』兩項、由上海分
會進行辦理

于氏訓詞

于氏訓詞、略謂諸同
學盛大慶祝、實不敢當、余對
盛大慶祝、實不敢當、余對
壽辰、不欲鋪張、諒爲諸同
學所深悉、于氏旋復源述
幼年貧苦攻讀及壯年從事
革命經過、勖各同學努力
致學、儲爲國用、以建設新
中國、對大會提案、雖表贊同
文化教育提案、雖表贊同、但
不欲以『右任』命名、請另
易名稱云、

1937年5月1日,《新闻报》刊登《上海大学同学会·庆祝于右任寿辰》的消息:"庆祝大会于昨日下午二时在愚园路华华中学举行,祝寿者有邵力子、王陆一、周越然、同学会南京总会,上海、南昌、西安、镇江、武昌、开封、杭州、成都、福州等各地分会代表吴开先、丁嘉树、张世韵、唐纯茵及华华中学全体师生共一千余人。"

第一任校长
于右任画传

20世纪50年代，于右任出席台北市上海大学同学会成立大会

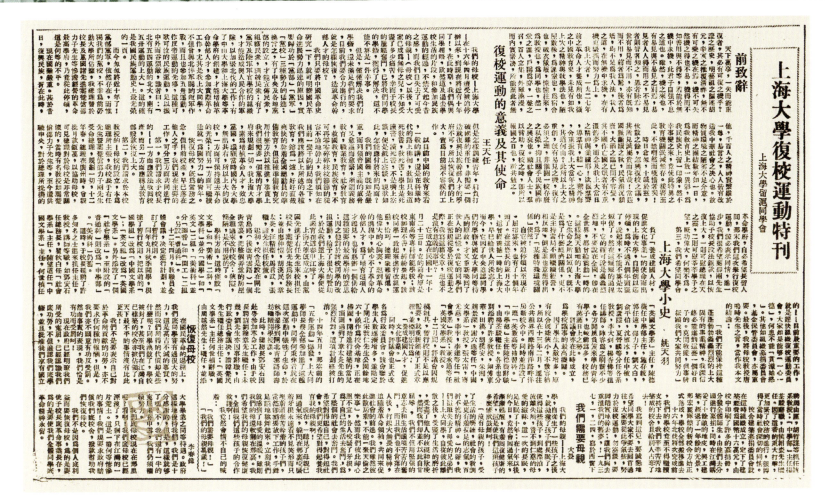

1937年2月1日,《神州日报》刊登上海大学留沪同学会编《上海大学复校运动特刊》

第一任校长
于右任画传

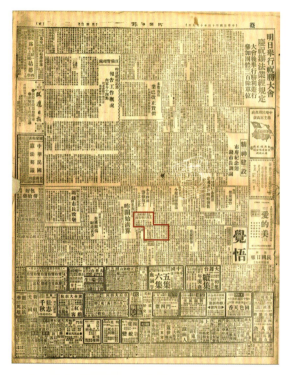

1947年6月30日,《申报》刊登《二十年前旧学府上海大学将重建》的消息

1945年10月9日,《民国日报》刊登《于右任校长电促上海大学复校》的消息

五

情系故土

1949年后于右任寄居台湾，时以诗文抒发思念桑梓、热爱祖国、渴望统一之情。

五、情系故土

1949年4月21日，于右任离开南京，辗转上海、广州、重庆，最终在11月29日飞抵台湾。

第 一 任 校 长
于 右 任 画 传

1957年，于右任手书诗作《携诸孙基隆海滨浴场小坐》："锦绣家山万里同，寻诗处处待髯翁。今朝稳坐滩头石，且看云生大海中。"

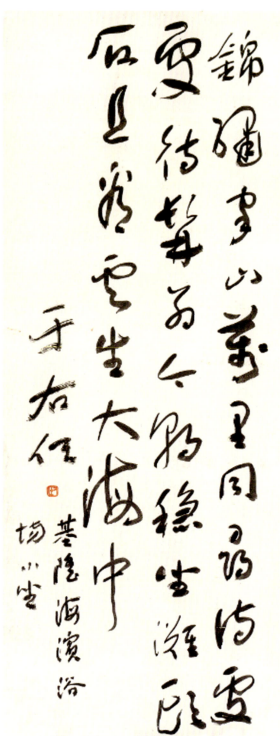

五、情系故土

于右任夫人高仲林 80 寿辰留影（前排左起：韩望尘、孙蔚如、高仲林、茹欲立、杨子廉，后排左起：屈武、于芝秀、周伯敏、李齐夷）

于右任夫人高仲林（右）和长女于芝秀（摄于 20 世纪 60 年代）

于右任一直思念留在大陆的亲人。1961 年 3 月中旬，于右任给吴季玉写信说："今年是我妻八十寿辰，可惜我不在大陆，她的生日一定会很冷落，不会有人理睬她的。想到这一点，我十分伤心。"周恩来总理得知这一情况后，立即派全国政协副主席屈武以女婿的身份专程前往西安为于夫人祝寿，中共陕西省委统战部协助屈武为于夫人举办寿宴。当屈武的信件和祝寿照片送到于右任手中时，于右任深为感动，在回信中对周总理深表谢意。周总理则说："只要于先生高兴，我们也就心安了！"

第一任校长
于右任画传

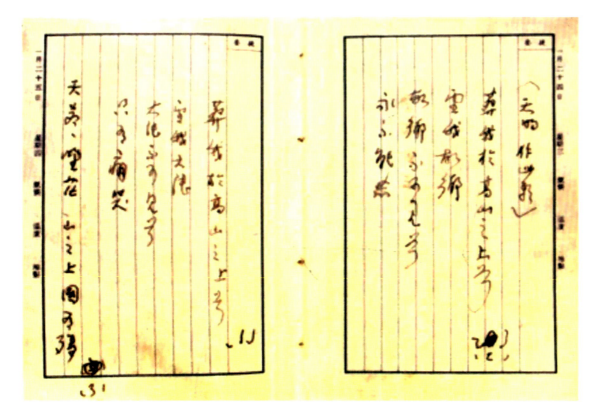

◎ 2003年3月,国务院总理温家宝在第十届全国人民代表大会第一次会议中外记者招待会上回答台湾记者提问时无限深情地说:"说起台湾我就很动情,不由想起辛亥革命的老人、国民党元老于右任,在他临终前写的那首歌。"并当即吟诵于右任的《望大陆》,称其为"震撼中华民族的词句"。(《于右任〈望大陆〉手迹首回故乡幕后故事》,《陕西文史资料》第36辑,第91页)

1962年1月12日,于右任在日记中写道:"我百年后,愿葬于玉山或阿里山树木多的高处,可以时时望大陆。我之故乡是中国大陆。不得大陆,不能回乡。大陆乎,何日光复。"同年1月22日,又在日记中写道:"葬我在台北近处高山之上亦可。但是山要最高者。"同年1月24日凌晨,又提笔写下:"(天明作此歌)葬我于高山之上兮,望我大陆,大陆不可见兮,只有痛哭!葬我于高山之上兮,望我故乡,故乡不可见兮,永不能忘!天苍苍,野茫茫,山之上,国有殇!"

五、情系故土

1964年11月10日，于右任在台北逝世。图为台湾巴拉卡山墓园于右任墓

第一任校长
于右任画传

矗立于台湾玉山主峰顶的于右任半身铜像,铜像面向大陆

百年传承

　　于右任视教育为民族复兴之基,心怀教育救国主张,在国事维艰、民族存亡之际,自甘辛苦,辟建上海大学,所作所为,沾溉后人,其泽甚远。

　　上海大学建校已百年,师生们追溯缘起,感念先辈,决心赓续光荣传统,弘扬爱国奉献精神,为中华民族伟大复兴事业作出更大贡献!

六、百年传承

于右任手书"继往开来"

钱伟长手书"自强不息"

第 一 任 校 长
于 右 任 画 传

　　1997年5月，上海大学校长钱伟长在为学生作报告时说："我们学校的历史上，1922—1927年期间里有过一个上海大学。这是我们党最早建立的一个大学，像李鹏同志的父亲就是那个时候的上海大学学生会主席，毕业以后在上海参加了共产党，从事党的地下工作，后来他被国民党杀害在海南岛。还有井冈山黄洋界保卫战的指挥员也是我们上海大学1923年毕业出去的，他牺牲在井冈山，现在的井冈山烈士纪念馆里第一个就是他。没有他们的牺牲，没有那么多革命志士的奉献，我们上海大学提不出那么响亮的名字，这是我们上海大学的光荣。"

六、百年传承

2014年10月23日，上海大学校长罗宏杰（左一）与邵力子之孙邵美成（左二）、于右任之子于中令（左三）、秦邦宪（博古）之女秦新华为"溯园"（1922—1927年上海大学纪念园）落成仪式揭幕

第一任校长
于右任画传

2019年8月16日，上海大学党委书记成旦红（右三）会见来访的于右任之子于中令（右二）

六、百年传承

望大陆

葬我于高山之上兮,望我大陆,大陆不可见兮,只有痛哭!
葬我于高山之上兮,望我故乡,故乡不可见兮,永不能忘!
天苍苍,野茫茫,山之上,国有殇!

第一任校长
于右任画传

附录一　于右任简历

1879 年 4 月 11 日	生于陕西省三原县东关河道巷。
1881 年	母亲赵太夫人病逝，父亲在蜀未归，由伯母房太夫人抚养，寄居泾阳县杨府村。
1885 年春	入杨府村马王庙私塾，开始启蒙读书，师从三水老儒第五（复姓）先生（东汉大司农第五伦的后人）。
1889 年	随伯母房太夫人到三原东关，依叔祖于重臣的提议，入毛氏私塾读书，师从毛班香。
1890 年	课余至鞭炮坊作短工，贴补家用。
1891 年	鞭炮坊失火，经济来源断绝；到三原学古书院参加考课，第一次得赏银二钱，后经常参加，时被录取，经济稍显松动。
1892 年	开始学八股文。
1894 年	父亲在蜀经商盈利，在三原西关斗口巷购置新宅。
1895 年	中秀才，并名列三原县榜首。

附录一 于右任简历

1897 年	离开毛氏私塾，结束长达九年的学习。后入三原宏道书院、泾阳味经书院、崇实书院和西安关中书院学习。
1898 年	被陕西提督学政叶尔恺称誉为"西北奇才"。
1899 年	出任三原粥厂厂长，担负救济饥民的工作，由求学而转为服务社会。
1900 年	入陕西中学堂深造。
1902 年	被兴平县知县杨宜瀚慕名聘为家塾教师。
1903 年	中举人。被升任商州知州的杨宜瀚聘为商州中学堂监督（校长）。第一本诗集《半哭半笑楼诗草》在陕西三原刊行，扉页印有其披发短衣照片，旁题自撰"换太平以颈血，爱自由如发妻"。
1904 年	化名刘学裕，经马相伯护持，入震旦学院学习。
1905 年	力助马相伯创办复旦公学，任马相伯私人书记并兼任国文讲席。在《新民丛报》第二十一号发表《于君右任寄本社书》，首次署名"于右任"。
1906 年	赴日本考察办报期间得会孙中山，加入中国同盟会。被孙中山授予长江大都督并当选豫晋秦陇同乡会会长。参与创办中国公学并兼任国文讲席。
1907 年	在上海创办《神州日报》。
1909 年	在上海创办《民呼日报》《民吁日报》。
1910 年	在上海创办《民立报》。
1911 年 12 月	到上海吴淞码头迎接孙中山。孙中山在上海望平街首访民立报社，为《民立报》亲笔手书中英文题词"勠力同心"。
1912 年 1—3 月	任中华民国南京临时政府交通部次长。其间，首创火车夜行。
8 月	赴北京出席中国同盟会改组为中国国民党的大会，被推为参议。
1918 年 8 月	任陕西靖国军总司令。

第一任校长
于右任画传

	在陕西三原创办渭北中学、民治小学等学校。
1921 年	在陕西三原创立渭北水利委员会。
1922 年 5 月	任讨贼军西北军第一路总司令。
10 月 23 日	创办上海大学并被公举为校长。
1924 年 1 月	经中国国民党第一次全国代表大会通过，当选国民党中央执行委员会委员。
2 月	经中国国民党上海执行部首次会议通过，当选工农部部长，与毛泽东、恽代英、瞿秋白、施存统、邓中夏、沈泽民、向警予等共产党人共事。
1925 年 1 月	任国民党中央政治委员会委员。
7 月	经中国国民党中央执行委员会推定为国民政府委员。
1926 年 1 月	经中国国民党第二次全国代表大会通过，当选国民党中央执行委员会委员。
9 月	任国民革命军联军副总司令。
12 月	任国民革命军联军驻陕总司令，支持国共联合治陕。
1927 年 9 月	经中国国民党中央监察委员联席会议通过，当选中国国民党中央特别委员会委员，行使监察权；经中国国民党中央特别委员会第二次大会通过，当选军事委员会委员。
10 月	被任命为陕西省政府主席（未就任）。
1928 年 2 月	经中国国民党第二届中央执行委员会第四次会议通过，当选国民党中央执行委员会常务委员、国民政府常务委员、军事委员会委员；经国民党中央政治会议通过，当选国民政府审计院院长。
6 月	当选中国公学校董。
7 月	国民政府审计院正式成立，负责中央与地方政府财务审核。
8 月	经中国国民党第二届中央执行委员会第五次会议通过，当选提案审查委员会委员。
1929 年 2 月	收集了从清末到20年代初的诗作约两百余首的《右任诗存》由上海世界书局出版。

	3月	经中国国民党第三次全国代表大会通过，当选国民党中央执行委员会委员。
1930年	10月	被复旦大学授予名誉法学博士学位。
	11月	经中国国民党第三届中央执行委员会第四次会议通过，当选国民政府委员兼监察院院长。
	是年	在陕西三原创设斗口村农事试验场。
1931年	2月	宣誓就任国民政府监察院院长。审计院改为审计部，隶属监察院。
	12月	经中国国民党第四届中央执行委员会第一次会议通过，当选国民党中央执行委员会常务委员，继任国民政府监察院院长。
1932年	1月	经中国国民党中央执行委员会第三次常务委员会通过，当选中央政治会议特务委员会委员。
	是年	在上海创立标准草书社。
1934年	3月	在陕西创办国立西北农林专科学校（今西北农林科技大学）并任校长。
1935年	11月	经中国国民党第五次全国代表大会通过，当选国民党中央执行委员会委员。
	12月	经中国国民党第五届中央执行委员会第一次会议通过，继任国民政府监察院院长。
1936年	7月	与标准草书社同仁编成《标准草书范本·千字文》并由汉文正楷书局出版。
	1937年	宣传中国共产党关于西安事变政治主张的"四项声明"。支持国共联合抗日。
1938年	1月	应周恩来、朱德之邀，为抗日战争期间中国共产党在国民党统治区创办的报纸《新华日报》题写报头。
	8月	在湖北武汉发起创刊《民族诗坛》。
1939年	1月	任国民党国防最高委员会常务委员。
1943年	9月	经中国国民党第五届中央执行委员会第十一次会议通过，继任国民政府监察院院长。
1945年	5月	当选国民党中央执行委员会委员。

第一任校长
于右任画传

9月	重庆谈判时,设宴款待毛泽东、周恩来。明确表示反对内战,赞成和平,支持国共再度合作。
1947年4月	当选国民政府委员,继任监察院院长。
1948年4月	列为国民政府副总统候选人之一,落选。
6月	继任国民政府监察院院长。
1964年11月10日	在台北病逝。

附录二　于右任与上海大学大事记

1922年

10月22日　在上海打铁浜寓所（今太仓路顺昌路西南）接待东南高等专科师范学校学生代表。学生代表恳请其担任校长，但其暂未应允。

10月23日　出席上海大学师生欢迎大会并致词："予自陕西回沪，极欲投身教育界，但予乃愿为小学生以研究教育，非好为人师，因予自审学力不足，诸君改组大学，前途艰巨，尤非予所能任。""自当尽力之所能，辅助诸君，力谋学校发展。"又言，"少年时代，曾做过小鞭炮竹，今后要制造炸弹、地雷，不仅在中国落地开花，还要炸得全世界开花结果"。

　是日　任上海大学校长。

10月26日　在上海大学召集教务会议，请《民国日报》主编叶楚伧为教务长，议决10月30日正式上课，每星期六日由图音、图工、英文、国文四部轮开教务会议一次，每月开全体教务会议一次。

第一任校长
于右任画传

| 11月13日 | 著名物理学家、诺贝尔奖获得者爱因斯坦造访日本，途经上海。作为东道主之一，与上海大学校董王一亭在梓园（王寓所）宴请爱因斯坦夫妇。 |

1923年

3月	积极整顿校务，添办高级中学并于原有之师范部各科添设主任、增聘教员，美术科主任为洪野，文学科主任为张君谋，中学科主任为陈德徵。
4月1日	聘请张继到上海大学演讲"个人与社会"。
4月15日	聘请李大钊到上海大学演讲"演化与进步"。
4月23日	在上海福州路（前四马路）同兴楼主持上海大学教职员会议。席间商议学校扩充及进行事宜，议决案甚多，最重要者如下：（一）决由张继、于右任筹办宋园（宋教仁墓园，今闸北公园）建筑新校舍事宜。（二）决由邓中夏、陈德徵、洪野办理扩充后章程事宜。（三）自下学期起，大学部添设俄国文学系、社会科学系、史学系。
是月	与邵力子在上海福州路同兴楼京津菜馆邀约李大钊、张继中午便餐，共商上海大学办学事宜。李大钊推荐邓中夏出任总务长、瞿秋白出任教务长兼社会学系主任。
5月13日	聘请马君武到上海大学演讲"国民生计政策"。
7月1日	出席上海大学美术科图音、图工两班学生毕业典礼，与学生到宋园宋教仁墓旁合影留念并讲话，勉励上海大学学生继承先烈遗志，奋勉毋怠。
7月9日	聘请李大钊到上海大学演讲"美术应将现代社会之困苦悲哀表现出来"。
8月8日	出任上海大学评议会（评议会为上海大学最高会议，决策全校重大事务，同年12月改为行政委员会）主席。

8月12日	主持召开首次评议会。议决组成校董会，以提高学校声誉，争取办学经费，促进教育发展。会上拟定孙中山为名誉校董，蔡元培、汪精卫、李石曾、章太炎、张继、马玉山、张静江、马君武等二十余人为校董，限9月1日前与各校董接洽妥当，9月20日前成立校董会。决议限半年内在宋园建筑社会科学图书馆及学生宿舍等事项。
10月23日	出席上海大学成立一周年纪念会，致词并报告建校一年来发展。晚间观看由上海大学学生新剧团表演《盗国记》等剧。
11月7日	聘请李大钊在上海大学社会问题研究会成立大会上演讲"社会主义释疑"。
11月29日	聘请李大钊到上海大学演讲"史学概论"。
是月	聘请李大钊到上海大学演讲"劳动问题概论"。
是年	为《上海大学章程》题签。
	为上海大学学生糜文浩编印出版的《青城》题写刊名。
	请杨杏佛为上海大学拟就招生章程；就招生章程之事致函杨杏佛。

1924年

1月10日	在《东方杂志》第21卷第1号（二十周年纪念号上）发表《国民党与社会党》，认为国共两党"合则两益，离则两损"，并提出"社会党乃吾国新起为政治活动之党，吾闻其党多青年有主张，能奋斗之，吾不能不有厚望于彼等"。
1月31日	聘请杨明轩接任上海大学中学部主任。
是月	被聘为中国孤星社名誉社长。
2月25日	主持召开校行政委员会。邓中夏报告拟在宋园建设新校舍情况。议决组织建筑募捐委员会，与邓中夏、何世桢、邵力子四人为募捐委员会委员；拟出校刊，

第一任校长
于右任画传

	推陈望道为编辑主任。
4月10日	赴广州辅佐孙中山，由邵力子代理校长之职。
5月	在《上海大学周刊》第1期上发表《〈上海大学一览〉弁言》："因思以兵救国，实志士仁人不得已而为之；以学救人，效虽迟而功则远。故曾宣言：'欲建设新民国，当先建设新教育，欲建设新教育，当自小学教育始。'讵意莘莘学子，环而请业，拒之无方，而上海大学之名，遂涌现于中华民国之教育界中。"
6月	与上海大学教职员合影。
7月	致函国民党中央执行委员会，提请自8月起将补助款增至每月5000元。
8月4日	与邵力子、邓中夏、恽代英、施存统等上海大学教职员应邀参加全国学生总会第六届年会，并发表演说。
9月	为学校办学经费发愁之际，得挚友吴季玉慨然相助5000元。
10月	接孙中山转达关于酌情办理皮言智、谢嗣镤、王同荣免费以正式生插入上海大学社会学系就读的批示。
是年	推荐上海大学学生王逸常、张其雄、刘仲言、杨觉天、谭肇明等到黄埔军校学习。帮助辛亥革命先烈秋瑾之女王灿芝进入上海大学学习。
是年底	跟随孙中山赴京，为上海大学筹款。

1925年

3月	接上海大学学生会电，学生拟请向广东政府请求改上海大学为国立中山大学，以纪念孙中山。
6月5日	自河南抵沪，为五卅事件和上海大学西摩路校舍被武力侵占发表讲话并致函交涉。

6月6日	出席在上海小西门举行的少年宣讲团会议，宣布开会词：本校此次虽遭解散，然并不以兹灰心。除讨论善后事宜外，且将从事于进展计划云云。
6月15日	为《上大五卅特刊》创刊题写刊头。
6月17日	在上海半淞园宴请各团体代表，表示不日北上，筹款建筑上海大学新校舍。
6月18日	致函国民党中央执行委员会，报告校舍被帝国主义者所霸占，现拟另建校舍，请求给予经费补助。
6月23日	《上大五卅特刊》第2期刊登《于校长关于本校之谈话》："余当上海大学一周纪念介绍汪精卫氏演讲时，曾谓上大不比其他学校，希望上大同学，每人都能成为一强有力之炸弹，将来社会上定能发生极大之影响。此次沪变发生，余适在汴，接上大学生会之急电，乃顾谓友人曰：'上大之炸弹果爆发矣！'"
6月25日	北京各界民众30万人在天安门举行集会。担任大会主席，披露五卅惨案景状。会后进行示威游行。
是月	允一月内捐出2万元，并赴各地募集巨款汇沪，拟在宋园建设新校舍。
8月	致函国民党中央执行委员会，请求恢复上海大学原有津贴，帮助建造校舍。
9月8日	由京抵沪，关心上海大学新校舍建筑事宜。
是月	聘赵景深为上海大学文艺院中国文学系教授。

1926年

6月26日	致函张静江转国民党中央执行委员会各委员，催拨建筑上海大学江湾校舍补助费。
7月1日	出席上海大学中国文学系、英国文学系丙寅级毕业典礼。

第一任校长
于右任画传

是年　　　为上海大学学生马凌山编《中山主义演讲集》题写书名。

1927 年

2月　　　聘乐嗣炳为上海大学文艺院中国文学系教授。

4月5日　　致函国民党中央执行委员会和国民政府，委派邹均（上海大学社会学系学生）汇报陕西党务、政治、军事、财政等事项。

5月16日　　在陕西出席追悼李大钊（上海大学曾聘其为经济学系主任）等烈士大会，致祭并报告"李守常同志略史及其努力工作之经过"。

1928 年

为原上海大学学生、共产党员张应春烈士题写"呜呼秋石女士纪念之碑"。

1930 年

为原上海大学教师吴志青影印孙中山遗墨"尚武楼"50份，赠中华全国运动会得胜者。

1931 年

8月　　　与戴季陶、蔡元培、吴敬恒、李煜瀛和王一亭等在上海《民生报》上联名推荐原上海大学学生罗化千。

1933 年

为原上海大学教师、共产党员周水平烈士题写墓碑。

1936 年

3 月　　致函国民党中央执行委员会请求追认上海大学学生学籍与国立大学同等待遇，国民党中央执行委员会常务委员会第八次会议决议通过。

9 月 28 日　　出席在上海法租界景平中学举行的上海大学同学会成立大会；为《上大留沪同学会成立大会特刊》题写刊名。

10 月　　为原上海大学学生张弦题挽词"绝艺留寰宇，哀歌杂薤蒿"。

1937 年

4 月 30 日　　出席上海大学同学会在上海愚园路华华中学举办的六十寿辰庆祝大会。祝寿者有邵力子、王陆一、周越然、同学会南京总会，上海、南昌、西安、镇江、武昌、开封、杭州、成都、福州等各地分会代表吴开先、丁嘉树、张世韵、唐纯茵及华华中学全体师生共一千余人。

1939 年

是年春　　为纪念父亲于新三，指派秘书李楚材、原上海大学学生詹正圣到四川岳池筹办新三中学。

是年秋　　任岳池县私立新三初级中学名誉董事长。

1940 年

5 月 30 日　　播讲《五卅之回忆与中国之将来》(《新华日报》5 月 31 日刊登)："全国同胞们：今天是壮烈的五卅纪念日。在民国十四年五月这一天，上海学生在上大领导之下，为着援助上海日商内外棉纱会社第八工厂受虐待的华工并要释放学生代

第一任校长
于右任画传

表，曾流了光荣的民族热血。这个上海的五卅，接着就成了天津青岛汉口重庆广州全国性的五卅；学生的五卅，一变而为工农商学全民众的五卅，所以五卅可说是我民族的觉醒，我民族一致起来向侵略者空前的示威，便是今日民族抗战的前奏，可以说因五卅的关系，中华民族的团结，得到了最大的进步。"

1941 年
2月13日　致函国民政府教育部提请为上海大学黄绍耿等31名学生文凭验印。

1943 年
10月20日　为晋陕监察使王陆一（原上海大学教师、文书主任）作"王故监察使陆一墓志铭"。

是年　在重庆为原上海大学学生梁披云书"思基楼"匾额。

1945 年
10月8日　在重庆电促上海大学复校。

是月　赠言原上海大学学生罗化千："罗化千弟，精研金石，并擅书法，历年以来，或捐书代赈，或义卖劳军，尤为艺林称赏。近将还都安砚，书此为介。"

1946 年
2月14日　为叶楚伧（上海大学创始人之一、原上海大学教务长）作墓碑。

附录二 于右任与上海大学大事记

1949 年
4月5日　从南京寄赠"记者之师"立轴一幅，庆贺陈望道（1923年夏到上海大学任中国文学系主任，五卅运动后兼任代理校务主任，主持行政与教务工作，代行校长职责）执教三十年暨五十九寿辰。

1953 年
12月22日　提请为上海大学学生程克祥、金溟若和杨觉天核定学籍并将毕业文凭验印发还。

1955 年
9月6日　提请为上海大学1925年毕业学生蒋振河核查学历并准予更名为蒋瑞清。

图书在版编目（CIP）数据

　　第一任校长：于右任画传 / 成旦红，刘昌胜主编 .—上海：上海大学出版社，2022.7
　　ISBN 978-7-5671-4496-5

　　Ⅰ．①第… Ⅱ．①成… ②刘… Ⅲ．①于右任（1879-1964）—传记—画册 Ⅳ．① K827-6

中国版本图书馆 CIP 数据核字（2022）第 123307 号

责任编辑　傅玉芳　刘　强　柯国富
技术编辑　金　鑫　钱宇坤
装帧设计　柯国富

第一任校长——于右任画传
DIYI REN XIAOZHANG YUYOUREN HUAZHUAN

成旦红　刘昌胜　主编

出版发行	上海大学出版社
社　　址	上海市上大路99号
邮政编码	200444
网　　址	www.shupress.cn
发行热线	021-66135112
出 版 人	戴骏豪
印　　刷	上海颛辉印刷厂有限公司
经　　销	各地新华书店
开　　本	889mm×1194mm　1/12
印　　张	13 2/3
字　　数	280千字
版　　次	2022年7月第1版
印　　次	2022年7月第1次
书　　号	ISBN 978-7-5671-4496-5/K·256
定　　价	180.00元